일을 잘한다는 것

자신만의
감각으로 일하며
탁월한 성과
사림

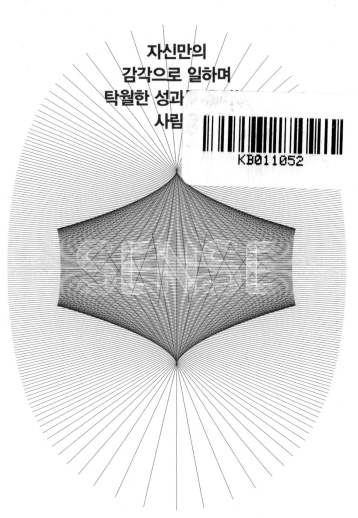

김윤경 옮김

야마구치 슈 · 구스노키 겐 지음

리더스북

· **일러두기**

한국 독자들의 이해를 돕기 위해 한국어판에는 사진과 도표 및 각주를 추가했다.

불확실한 시대에도
살아남는 사람들의
일하는 방식

지난 2020년은 전 세계가 코로나19 바이러스로 인한 팬데믹으로 대혼란을 겪었다. 경제활동은 물론 일상생활부터 여가와 문화까지 삶의 모든 분야가 코로나19로 인해 달라지는 양상을 보였다. 가장 큰 변화 중의 하나는 언택트 (비대면) 문화가 꽤 익숙하게 자리를 잡았다는 것이다. 사람들은 재택근무와 화상 미팅을 하며 다소 갑작스럽게 미래를 당겨 오게 되었다. 그리고 대부분의 사람들, 아니 거의 모든 사람들은 '지금까지 일하던 방식'을 과감히 바꿔야만 하는 상황을 맞이했다.

지금 전 세계 도시에서는 회사로 출퇴근하지 않고 일하는 재택근무 방식을 대대적으로 채택해 시행하고 있다. 코로나19 사태가 언제쯤 안정이 될지는 누구도 정확히 예측할 수 없다. 하지만 분명한 것은 세계 곳곳에서 일어나고 있는 이 '업무 방식의 변화'를 이제는 예전 형태로 되돌릴 수 없다는 것이다. 집과 같은 자유로운 환경에서 업무를 해본 사람들은 더 이상 매일 사무실로 출퇴근하는 고단한 일상으로 돌아가고 싶어 하지 않을 테니 말이다. 이러한 사고가 점차 널리 자리를 잡아간다면 반드시 도시에 살아야 한다고 생각하는 사람들도 크게 줄어들 것이다. 실제로 도쿄에서는 2020년 여름부터 전출 인구가 전입 인구를 웃도는 전출 초과 사태가 발생해 이 같은 변화가 표면화되고 있음을 알 수 있다.

코로나19 팬데믹이 앞으로 사회를 어떻게 변화시킬지 현시점에서 정확히 말할 수는 없다. 다만 이번 코로나 사태로 인해 전 세계적으로 사회·경제·문화 전반에서 오프라인의 온라인화가 가속화될 것임은 분명하다. 지금까지 오프라인 기반 업무 환경에서 통용되었던 규칙과 상식 또한 온라인 기반의 비대면 환경에서 큰 변화를 겪을 것이라는 사실도 충분히 짐작할 수 있다. 이렇게 불확실한 시대에 여전히 예전에 성과를 내던 업무 방식을 '최선의 업무 방식'으로 믿고 고수하려는 사고는 매우 위험하다. 그러므로 이제는 새로운 세계에 적합한 업무 방식을 추구해야 한다.

현재 우리는 누구도 예측하지 못한 급작스러운 미래를 맞이했다. 누구나 예측할 수 있는 미래를 준비하는 것은 효용가치가 별로 없는 일이며, 그렇다고 예측할 수 없는 미래를 준비하기란 불가능한 일이다. 따라서 '앞으로 다가올 미래에 유용한 기술은 무엇인가?' 하는 접근 방식으로는 자신의 능력을 효과적으로 기를 수 없다.

오늘날 시대가 요구하는 인재상은 자신의 눈으로 세상을 똑바로 바라보면서, 무엇을 해야 하고 하지 말아야 할지 스스로 판단해 실천할 수 있는 리더십을 지닌 인물이다. 이 책을 읽은 여러분이 이러한 삶의 방식을 지향하고 새로운 인재상을 추구한다면 코로나 이후의 세계가 지금까지보다 더욱 바람직한 방향을 향해 나아갈 것이라 확신한다.

야마구치 슈

앞당겨진 미래를
헤쳐 나갈 정답은
일의 본질에 있다

코로나19 팬데믹을 계기로 전 세계적으로 재택근무와 비대면 서비스 등이 보편화되면서 '디지털로의 이행'이 한층 앞당겨졌다. 이전에는 대부분의 업무 형태가 여러 사람이 모여 의견을 교환하거나 제품을 직접 주고받으며 이루어지는 것이었다면, 팬데믹 이후 세상에서는 가능한 한 많은 업무를 사람과 대면하지 않고 온라인 환경에서 처리하려는 현상이 두드러졌다. 일의 형태가 바뀐 만큼 일하는 방식과 태도가 달라져야 함은 물론이다.

그렇다면 우리가 비대면 환경에서 독자적으로 일할 때 더욱 필요한 능력은 무엇일까? 그것은 바로 이 책의 핵심 키워드이기도 한 '감각'이다. 보다 정확히 말하자면, '기술^{skill}'에 대비되는 개념으로서의 '감각^{sense}'이다.

개인용 컴퓨터가 보급되고 인터넷 기술이 발달하던 초창기에는 기술의 중요성이 상대적으로 부각되기도 했다. 그러나 오늘날의 IT 기술은 일반적인 업무를 수행하는 개개인에게 특별한 기술 습득을 요구하지 않는다. 컴퓨터나 모바일 기기를 통해 누구나 편리하고 쉽게 사용할 수 있도록 기술이 계속 발전하고 있기 때문이다. 이는 달리 말하면 일을 하는 능력에 있어서 기술의 중요성이 약화되고 있다는 뜻이다. 즉, 기술이 아닌 영역에서 능력을 향상시키지 못하면 도태될 수밖에 없다는 뜻이다. 이 책에서는 그 능력을 감각으로 정의한다.

기술의 발전과 인간 능력의 상호 연관성에 대해 최근 들어 더욱 절실히 느끼게 된 점이 있다. 컴퓨터와 인터넷이 보급된 이래로 약 25년간 사람들의 글쓰기 능력이 현저하게 저하되었다는 사실이다. 오늘날 미디어는 종이 매체가 주를 이루던 시대와 비교할 수 없을 정도로 방대한 분량의 기사와 정보를 쏟아내고 있다. 공급자 측은 어떻게든 계속해서 많은 글을 써야만 하는 반면에, 수요자 측은 자투리 시간에 스마트폰으로 쓱쓱 화면을 넘기며 읽을 뿐이다. 이러한 공급과 수요가 긴밀하게 맞아떨어지면서 단지 '복사해서 붙이기'로 손쉽게 글을 완성하는 모습이 흔해졌다. 문제는 이런 상황에서는 글이라는 결과물뿐만 아니라 그 결과에 이르는 과정의 사고도 질이 낮아질 수밖에 없다는 것이다. 인터넷과 컴퓨터는 무척 편리한 기술이지만, 한편으로는 이러한 악순환을 초래한다. 빠른 시간 안에 대량으로 글을 쏟아내는 기술만 앞섰을 뿐 정작 중요한 감각은 퇴화한 것이다.

코로나19 팬데믹을 계기로 사람 간의 소통도 온라인 세계로 옮겨 가면 이와 비슷한 현상이 일어날 수 있다. '재택근무로도 할 수 있다'는 것과 '업무의 질이 높다'는 것은 별개의 문제다. 물론 업무가 온라인으로 이루어지면서 여러 가지 면에서 효율성이 높아지는 이점은 있지만, 그것은 투입하는 시간이 줄어든다는 분모의 이야기일 뿐이다. 분자에 해당하는 업무의 질, 즉 아웃풋의 질이 향상되는 효과와 디지털화에 따른 효율은 전혀 다른 문제다. 오프라인에서 일을 잘하지 못하던 사람이 온라인으로 옮겨가자 갑자기 일을 잘하게 될 리는 없다. 반대로 오프라인에서 유능한 사람이 온라인으로 환경이 바뀌는 순간 무능해지는 일 또한 없다. 온라인이냐 오프라인이냐는 수단의 차이이며, 어느 쪽 수단을 선택하느냐와는 상관없이 일을 잘하는 사람과 잘하지 못하는 사람이 있을 뿐이다.

코로나19 바이러스가 확산되기 이전부터 인공지능AI, artificial intelligence은 다양한 화제를 불러 모았다. 우리는 인공지능으로 인해 인간의 수많은 직업이 사라질 거라는 등 '인공적인artificial' 부분에만 주목하는 경향이 있다. 그러나 그보다는 선결 과제로서 인간의 '지능intelligence'이란 무엇인지를 먼저 생각해야 한다. 인공지능이란 무엇이고 인간의 지능은 무엇인가. 이번 코로나 팬데믹이 그 본질을 다시금 되짚어볼 수 있는 계기를 우리에게 제공해주고 있다.

이는 원격 근무에 있어서도 마찬가지다. 오늘날 원격 근무에 관한 화제는 '원격 근무를 능률적으로 해내기 위한 기술' 등 '원격'이라는 부분에만 집중되고 있다. 하지만 원격 근무의 가장 큰 의미는 지금까지 자신이 해오던 일이나 업무를 다시금 진지하게 생각해볼 기회를 얻었다는 데 있다. 오프라인에서 온라인으로 바뀜에 따라 자신의 일에 어떠한 차이가 발생했는지, 무엇이 달라지고 무엇이 바뀌지 않았는지를 다시 차근히 짚어보면 자신이 하는 일의 본질이 보일 것이다. '자신의 일이 어떤 가치를 창출하는가? 다른 회사와 사회에 어떤 영향을 미치는가?' 하는 질문을 이번 기회에 던져본다면 비로소 이책에서 논하고 있는 '일의 감각'의 정체를 확실히 알 수 있을 것이다.

구스노키 겐

최고의 성과를 내는
사람들의 두 가지 유형

일하는 사람은 많은데 왜 일을 잘하는 사람은 별로 없는 걸까? 이 단순한 질문이 이 책의 출발점이다. 일하는 사람들은 모두가 일 잘하는 사람이 되고 싶어 한다. 이런 수요에 맞춰 일을 잘할 수 있는 비결을 설명하는 책들도 끊임없이 쏟아져 나오고 있다. 직장인을 대상으로 한 경제경영서와 자기계발서 대부분이 이런 종류라고 해도 과언이 아니다. 그럼에도 현실에서 일 잘하는 사람을 찾기란 쉽지 않다. 주위를 한번 둘러보라. '역시 저 사람은 일을 참 잘해!' 하고 떠오르는 사람이 별로 없을 테니 말이다. 대체 왜 그런 걸까?

이 질문에 대한 답을 구하기 전에 먼저 '일을 잘한다'는 의미에 대해 생각해볼 필요가 있다. 영어를 유창하게 구사할 수 있는 사람은 세상에 무수히 많다. 프로그래밍에 뛰어난 사람도 부지기수이며, 회계나 재무에 관한 지식이 풍부하고 통계분석 소프트웨어를 자유자재로 활용해서 고도의 재무분석을 할 수 있는 사람도 넘쳐난다. 하지만 이런 능력은 일 전체를 여러 개의 기능으로 분해했을 때 요구되는 '기술skill'이다. 많은 사람들이 '일을 잘한다'는 의미를 업무 기술이 있다는 말과 비슷하게 생각하지만, 사실은 전혀 다르다.

우선 '일'이 무엇인지를 명확히 인지할 필요가 있다. '일'은 취미가 아니다. 취미는 자신을 상대로 자신을 위해 하는 행위다. 자신이 즐거우면 그걸로 충분하다. 이에 반해 일이란 내가 아닌 다른 누군가를 위해서 하는 행위다.

낚시를 예로 들어보자. 같은 시간 동안 같은 고기를 잡는다 해도 어부가 하면 일이지만 낚시꾼이 하면 취미다. 어부는 내다팔아 생계를 유지하기 위해 고기를 잡지만, 낚시꾼은 오직 자신의 즐거움을 위해 고기를 낚기 때문이다. 다른 말로 고객에게 도움이 되어야 일이라고 할 수 있다. 이때 고객은 반드시 조직 외부의 사람들로만 한정되지 않는다. 조직 내에도 그 사람의 업무를 필요로 하는 사람이 있기 때문이다. 상사나 부하 또는 함께 일하는 동료들 모두가 고객이며, 그들에게 가치를 인정받아야 비로소 그것을 '일'이라고 할 수 있다.

따라서 '일을 잘한다'는 것은 '성과를 낸다'는 것과 같다. 일을 잘하는 사람이란 고객에게 '이 사람이라면 안심하고 일을 맡길 수 있다. 이 사람이라면 반드시 문제를 해결해줄 것이다'라는 신뢰를 받는 사람이다. 더 나아가 고객이 '이 사람이 아니면 안 된다'고 평가하는 사람이다.

이런 의미에서 업무 능력이란 어떤 일을 할 수 있다고 말할 때의 기술을 넘어서는 개념이며, 이를 총칭해서 '감각sense'이라고 부른다. 외국어를 유창하게 구사할 줄 알아도 업무에서 중요한 성과를 내지 못하는 사람이 있다. 프로그래밍 기술이 뛰어난데도 실적 향상에 전혀 도움이 되지 않는 사람도 있다. 다양한 전략분석 프레임워크에 정통하면서도 정작 제대로 된 전략을 세우지 못하는 사람도 있다. 지금 여러분의 머릿속에도 누군가 떠오를지 모른다. 이런 사람들은 '작업'은 잘할지 몰라도 '일'은 잘하지 못한다. 일하는 기술은 있는지 몰라도 일하는 감각은 없는 것이다.

서점에 가보면 일하는 방법과 기술을 전수하는 책은 수없이 많다. 하지만 감각적으로 일하는 법을 정면으로 다룬 책은 별로 없다. 그 이유는 분명하다. 내용, 방법, 절차에 따라 일을 처리하는 정형적인 방법은 교과서에 담아 가르쳐줄 수 있지만, 일하는 감각은 그런 방식으로 가르칠 수 없기 때문이다. 일 잘하는 사람의 감각을 표준적으로 가르쳐주는 교과서란 존재하지 않는다.

사람들은 대부분 업무 감각이 중요하다는 사실을 어느 정도는 알고 있지만 정면에서 논하려 들지 않는다. '감각이 있네, 감각이 없네'라고 말하는 순간 더 이상 이야기가 이어지지 않고 허무하게 결말이 나버리기 때문이다. 하지만 반대로 생각해보면, 그렇기에 일 잘하는 사람은 언제나 드물다. 그만큼 가치가 있다는 뜻이다.

이 책의 제목은 『일을 잘한다는 것』이다. '어떻게 하면 일을 잘할 수 있을까?'가 아니다. 이 책에서는 '방법how'에 관한 이야기는 거의 하지 않는다. 그 대신 '일을 잘한다는 것은 무엇인가what'에 관해서는 여러 가지 실례와 일화를 섞어 풍부하고 다채로운 이야기를 전할 것이다. 오히려 우리는 '일을 못한다는 건 어떤 것인가?'라는 반대의 시각으로도 파고들고자 한다.

목적을 특정하면 이유why에 관한 이해도 깊어진다. '일하는 사람의 감각'은 왜 중요한가? 왜 논리와 규칙에 따른 기술과 분석만으로는 한계에 직면하는 것일까? 그런데도 왜 실제로는 일의 상황이나 배경에서 일하는 기술이 우선시되고 일하는 감각은 등한시되고 있는가? 무엇이 일하는 사람들의 감각을 죽이는가? 이런 논점에 관해서도 다양한 기준과 관점에서 고찰할 것이다.

또한 '일을 잘하는 사람은 누구인가'와 관련해 주체who도 목적과 이유만큼이나 중요한 논점이다. 우리가 주변에서 보고 듣는 경영자, 또는 함께 일한 리더들을 살펴보면서 일 잘하는 사람이란 어떤 사람인지에 관해서도 고찰해볼 것이다. 주체를 이해하는 작업은 일을 잘한다는 것의 본질에 다가가는 데 크게 도움이 되기 때문이다.

다시 강조하지만 일하는 감각을 직접적으로 키우는 교본은 있을 수 없다. 그렇다고 해서 감각이 선천적으로 타고나는 재능이라는 말은 결코 아니다. 감각은, 키울 수는 없지만 '자라난다'. 감각은 타동사가 아니라 자동사이며, 누가 단련시켜주는 것이 아니라 스스로 단련되는 것이다.

우리는 일 잘하는 사람의 비밀에 가까이 다가가기 위해서 우선 감각이란 무엇인지를 살펴보려 한다. 업무 능력의 가장 중요한 핵심에 있는 감각의 윤곽을 파악하지 못하면 감각을 단련하는 데도 매진할 수 없다. 이 책의 제목을 『일을 잘한다는 것』으로 지은 이유가 여기에 있다.

이런 논점을 짚으며 대화하는 데 있어 야마구치 슈 선생은 가장 이상적인 파트너다. 야마구치 슈 선생은 논리와 과학적 규칙을 앞세워 일하는 사람보다 감각을 토대로 예술적이고 창의적으로 일하는 사람이 더 큰 성과를 낸다는 것을 오랫동안 주장해온 세계적인 비즈니스 컨설턴트다. 이 책을 출판하는 동안 야마구치 선생에게 많이 배울 수 있어서 진심으로 감사한 마음이 든다.

나는 지금도 "일을 잘하려면 어떻게 해야 하나요?"라는 질문에 100퍼센트 확실한 답변을 제시할 수 없다. 하지만 각자 자신이 일하는 감각을 돌이켜보고 시간을 들여 감각이 자라나고 단련되도록 한다면, 예술의 경지를 구사하며 최고의 성과를 내는 사람에 더더욱 가까워질 것이라고 생각한다.

감각을 갈고닦는 일이야말로 커리어를 쌓아나가는 과정에서 얻을 수 있는 참다운 묘미다. 너도 나도 업무 기술을 쌓는 데만 지나치게 몰두하고 있는 요즘, 이 책을 통해 일을 잘한다는 것은 과연 어떤 의미인지를 되짚어보는 것도 의미 있는 일일 것이다. 이 책이 앞으로 여러분 인생에서 '일'의 의미를 새롭게 찾고 행복과 접목시키는 데 도움이 되기를 바란다.

구스노키 겐

Contents

Part 1   격차를 만드는 사람은 무엇이 다른가

격차를 만드는 사람은
무엇이 다른가

기술과 감각의 평행우주

●● 과학적 사고와
예술적 사고

구스노키 사람들은 대부분 일에서 큰 성과를 내고 싶어 합니다. 그리고 성
과를 내기 위해 능력을 길러야 한다고 생각합니다. 업무 능력을
향상시키기 위해서 업무 기술을 배우려고 너도나도 앞다투죠. 하
지만 일의 기술을 쌓으려는 노력이 오히려 일에 한계를 초래하는
아이러니한 결말로 이어지는 것은 아닐까요? 야마구치 선생님의
책을 읽고 이런 질문에 다다랐습니다.

야마구치 저는 『세계의 리더들은 왜 직감을 단련하는가』에서 세계 비즈니
스 교육 현장에서 일어나고 있는 변화에 대해 다루려 했습니다.
비자와 포드, 글락소 스미스 클라인을 비롯한 일류 기업들은 자사

의 핵심 인재를 세계적 명문 미술 대학원에 보내 예술을 교육하고, 스탠퍼드 대학교에서는 미래의 비즈니스 리더들에게 '디자인 씽킹design thinking 프로그램'을 가르치고 있습니다.

뉴욕의 메트로폴리탄 미술관은 이른 아침부터 갤러리 토크에 참여하는 넥타이를 맨 비즈니스맨들로 북적이고 있습니다. 그래서 저는 궁금해졌습니다. 비즈니스 리더들은 왜 바쁜 시간을 쪼개 경영과는 무관해 보이는 예술을 공부하고 감성을 느끼려 할까? 이들이 과학적이고 논리적인 영역이 아니라 예술적이고 감각적인 영역에서 트레이닝을 하는 이유는 무엇일까?

탐구 끝에 저는 요즘처럼 예측 불가능한 세계에서는 논리적 경영만으로는 더 이상 비즈니스를 리드할 수 없고, 정답 없는 문제와 흑백을 가릴 수 없는 난제에 대응하기 위해서는 이성적이고 논리적인 사고와는 다른 능력이 필요하다는 결론에 도달했습니다.

구스노키　　선생님은 과학에 대비되는 개념으로 예술을 제시하셨죠. 저도 거의 같은 생각을 하고 있었는데, 일하는 사람의 기술skill에 대비되는, 일하는 사람의 감각sense이라는 개념으로 얘기해보고 싶습니다. 그림으로 그려보자면 감각이나 예술 또는 직관은 오른쪽에 있고, 왼쪽에는 기술과 과학 그리고 분석의 세계가 있습니다. 비유적으로 말하면 우뇌와 좌뇌인 셈이죠. 흥미롭게도 우리가 사는 세상에서는 과학과 기술이 중시되고 예술이나 감각 같은 개념은 경시되는 경향이 있습니다. 감각의 중요성을 주장하는 쪽은 항상 소수

인간의 능력을 둘러싸고 기술은 감각에 비해 상대적으로 중요하게 취급되어왔다. 동시에 과학적인 분석이 예술적인 직관보다 일상생활을 넘어 비즈니스의 영역에서도 중요한 역량으로 평가돼왔다. 하지만 예측 불가능한 시대에는 어떨까? 과연 기술적 역량을 쌓은 사람이 더 많은 성과를 낼까?

더군요. 과거부터 대세는 '인간력人間力'을 주장하는 분들이었습니다. 인간적인 감성, 다정함, 온정과 같은 인간 됨됨이를 따지는 것이죠. 하지만 인간력이라는 개념은 상당히 막연합니다. '인간력은 무엇인가'를 논할 수는 있지만 '인간력은 무엇이 아닌가'를 논의하기 어렵기 때문입니다. 이에 비해 '예술과 과학'이나 '감각과 기술'이라는 구도로 생각하면 개념이 비교적 선명해집니다.

●● 설명 가능성과
   설명 불가능성

야마구치   저 역시도 구스노키 교수님의 『히스토리가 되는 스토리 경영』을 무척 공감하면서 읽었습니다. 최근 20여 년 동안 비즈니스 업계 전반에서는 '논리적 사고가 성공적 비즈니스를 이끈다'라는 생각이 지배적이었습니다. 하지만 이제는 이런 관성적인 사고에 의문을 제기해야 할 시기가 아닌가 생각합니다.

구스노키 야마구치 선생의 '과학과 예술'이라는 개념의 연장선상에서 저는 '기술과 감각'이라는 용어를 사용하겠습니다. 애초에 왜 감각이 기술만큼 중요하게 다뤄지지 않는지를 살펴보면 두 개념의 차이점이 명확해집니다.

과학이나 기술과 달리 예술과 감각의 경우 수행한 과제에 대해 설명하거나 보고해야 하는 의무, 즉 책무성^{accountability}을 두기가 어렵습니다. 학교에서 교육을 행하든, 기업에서 업무를 행하든 개인이나 조직이, 그들이 수행한 과제를 상부 사람이나 기구에 주기적으로 설명하거나 보고하는 과정 말입니다. 기술적으로 일한다면 보고서로든 대면 보고로든 상부에 얼마든지 수행 과정을 보고할 수 있습니다. 하지만 감각에 기반해 일한다면 전 과정을 일일이 납득 가능한 언어와 수치를 활용해 상부에 보고하는 것이 쉬운 일이 아님을 금세 알 수 있습니다.

예를 들어 국어, 수학, 영어, 이과, 문과로 나뉘는 능력은 모두 기술에 해당합니다. '잘한다/못한다'로 구분할 수 있죠. 영어 능력이나 프레젠테이션 능력, 협상력, 재무 능력 또는 법무 지식 같은 기술은 다른 사람에게 쉽게 보여줄 수 있습니다. 외국인 앞에서 영어를 유창하게 구사할 수도 있고 변호사나 회계사 자격증처럼 눈에 보이는 걸로 증명할 수도 있으니까요.

하지만 감각은 그렇지 않습니다. 일례로 사람들에게 '인기가 있다'는 사실은 특정한 척도로 측정할 수도 없을뿐더러 보여주기도 쉽지 않죠. 하나의 요인이 결정짓는 것이 아니라 다양한 요인이 개입하면서 종합적으로 인기를 끄는 능력을 만드는 것이니까요. 겉모습이 깔끔하다거나 잘생기고 예쁘면 인기가 있다는 식으로 작용하는 변수를 특정하기가 어렵습니다. 겉모습은 깔끔하고 잘생겼지만 전혀 인기가 없는 사람도 있고, 반대로 외모는 그다지 눈에 띄지 않는데도 굉장한 인기를 누리는 사람이 얼마든지 있으니까요. 깔끔한 사람을 좋아한다고 말하는 사람은 많지만 실제로 청결한지 아닌지는 잘 모르지 않습니까?

사실 청결히 한다는 건 아주 간단한 일입니다. 매일 샤워를 하고, 양치질을 하고, 손톱을 단정히 하는 일 등은 청결을 유지하는 기술로 쉽게 떠올리는 것들입니다. 하지만 깔끔한 인상이 요구된다면 그 의미가 명확지 않아 난감하지 않을까요?

야마구치 그렇습니다. 손톱을 깎으라는 요구와 깔끔한 인상을 주라는 요구는 구체성의 정도가 다르니까요. 청결하다고 해서 깔끔한 인상을 주지는 않죠.

구스노키 또 하나 예를 들어볼까요? 분명히 프레젠테이션 기술이 뛰어난데도 진행할 때 굉장히 재미없는 사람이 있습니다. 반대로 프레젠테이션의 구성이나 방법은 엉성하지만 이야기를 무척 잘 이끌어가는 사람도 있어요. 바로 이런 것이 우리가 감각적이라거나 예술적이라고 말하는 것입니다.

보여줄 수 있고 측정할 수 있다는 건 기술의 절대적인 장점입니다. 영어 실력을 증명하기 위해 토익 증명서를 제출할 수도 있고, 프로그래밍 실력을 증명하기 위해 척척 해내는 모습을 보여줄 수도 있습니다. 그러면 그 사람의 업무 기술을 바로 확인할 수 있으니까요. 물론 이력서에도 쓸 수 있습니다. 단적으로 말해서 이력서에 쓸 수 있느냐 없느냐, 이것이 업무 기술과 업무 감각의 차이라고 볼 수도 있지 않을까 생각합니다. 상대방이 확인할 수 있는 것이 곧 기술이죠.

야마구치 　기술은 언어화, 수치화해서 증명해 보일 수가 있다는 말씀에 동감합니다. 반면에 감각은 언어나 수치로 증거를 제시하기 어렵죠. 누군가 "저는 감각이 좋아요"라고 자신하는 사람이 있다면 그 말을 듣고 믿음이 가기보다는 물음표가 떠오를 테니까요.

●● 표준 대 비표준,
정형 대 비정형

구스노키　기술은 언어화, 수치화하기도 쉬운데다가 획득하는 방법도 다양합니다. 업무 기술 계발과 향상에 도움이 되는 표준적인 교재나 교육 프로그램이 무수히 많죠. 심지어 그런 방법은 항상 시장에서 경쟁에 노출되어 있기 때문에 끊임없이 '더 좋은 방법'이 새로 나옵니다. 그 분야에서 정평이 나 있는 방법들은 사람들로 하여금 기술을 쌓기 위해 노력하도록 부추깁니다. 이에 비해 감각이나 예술을 익히는 정형적이고 표준적인 방법은 찾기 어렵죠.

많은 사람이 논리적 사고법을 주제로 한 책을 읽고 있는데, 이런 로지컬 씽킹logical thinking* 관련 책들은 주로 사고와 그 구성에 관한 기술을 알려줍니다. 최근 주목받고 있는 디자인 씽킹design thinking**도 기술을 다루고 있다는 점에서 이와 다르지 않습니다. 데루야 하나

◆　　로지컬 씽킹(논리적 사고법)이란 일의 목적을 명확히 하고 전체 그림을 그린 다음, 정보를 모아 그 흐름 속에서 문제의 핵심과 본질을 파악해 신속하게 해결하기 위한 프로세스를 구상하여 논리적인 메시지를 전달함으로써 상대방을 설득하는 사고방식을 말한다. 매켄지앤드컴퍼니의 MECE 사고법이 로지컬 씽킹의 대표적인 예다. MECE란 'Mutually Exclusive and Collectively Exhaustive'의 약자로서, 어떤 사항과 개념을 중복과 누락 없는 부분 집합으로 전체를 파악한다는 의미를 가진다. 그러므로 전체를 중복 없이 부분으로 쪼개는 '분석'과 부분의 합으로 누락 없이 전체로 만드는 '종합'의 프로세스를 가진다.

◆◆　　디자인 씽킹(디자인적 사고법)이란 디자인의 중요성이 점차 커지면서 단순히 제품의 외양에만 적용하던 디자인을 '고객을 만족시킬 수 있는 모든 것'에 적용하도록 사용자와 깊이 공감할 수 있는 감수성과 비즈니스 측면의 전략적 사고를 동시에 추구하는 사고법이다. 분석적 사고와 직관적 사고 중 하나를 선택하는 것이 아니라 둘 다를 통합적으로 접근하는 특징을 갖고 있다.

코와 오카다 게이코가 함께 저술한 『로지컬 씽킹』은 매우 훌륭한 교과서입니다. 이런 뛰어난 교재를 읽고 거기 제시된 방법을 실천한다면 분명 예전보다 논리적으로 사고할 수 있을 겁니다. 그래서 사람들은 기술을 더 믿고, 기술을 익히면서 안심하는 것이죠. 그에 반해 감각을 키우라고 말하면 사람들은 불안해합니다.

야마구치　감각은 기술과 달리 정형적이고 표준적인 방법이 없으니까요.

구스노키　기술적으로 일을 잘할 수 있는 열쇠는 옳은 방법의 선택과 노력, 그리고 지속적인 시간 투자입니다. 이런 요건들만 잘 지키면 틀림없이 예전보다 '잘할' 수 있게 되죠. 토익 공부를 열심히 할수록 토익 점수가 올라갑니다. 성과가 눈에 보이면 더욱더 동기 부여가 되어 의욕을 자극합니다. 반면에 감각은 습득하기가 어려울 뿐만 아니라, 노력과 성과의 인과관계가 불명확하다는 점이 기술과 다르죠.

Chapter 02 뉴노멀은 무엇을 원하는가

●● 효용의 시대가 가고
의미의 시대가 왔다

야마구치   기술이 이렇게까지 중시된 데에는 '시대의 요청'이라는 측면이 있습니다. 실질적인 도움을 추구한 상품과 서비스의 가치가 높았기 때문에, 한마디로 기술이 돈이 되었던 거죠. 하지만 오늘날 사람들은 더 이상 효용가치를 찾지 않습니다. 내게 도움이 된다거나 편의를 제공해준다는 뜻에서의 효용가치보다는, 개개인에게 의미 있는 상품과 서비스의 가치를 선택하는 쪽으로 이동하고 있습니다.

  '도움이 된다/도움이 되지 않는다'와 '의미가 있다/의미가 없다'라는 두 가지 축을 조합해 세상에서 판매되는 상품과 서비스를 정리해보면 매우 흥미로운 사실을 알 수 있습니다. 효용가치가 큰 상품보다 의미가치가 큰 상품이 더 비싼 가격에 팔리고 있다는 점입니다.

자동차 산업을 예로 들어볼까요? 일본 자동차의 대부분은 효용가치는 높지만 의미가치가 없는 상품군으로 분류됩니다. 사람이 타고 짐도 가득 실을 수 있는 데다 조용하고 쾌적하면서 연비도 좋기 때문이죠. 이동수단으로 사용하는 데 분명히 도움이 됩니다. 하지만 이런 자동차를 가진다고 인생의 풍요로움이나 만족감이라는 가치를 얻을 수 있지는 않습니다. 일본 중형 자동차를 떠올려보면 이해하기 쉽습니다.

혼다 어코드^{Honda Accord}가 없는 인생은 상상조차 할 수 없다거나 닛산 프리메라^{Nissan Primera}의 핸들을 잡고 있으면 인생에 만족감을 느끼게 된다고 말하는 사람은 별로 없을 테니까요. 반면 포르쉐나 BMW 같은 차는 효율적인 가치도 있는 데다 의미가치도 큰 영역에 속합니다. 일본 자동차의 표준 가격보다 3~5배나 더 비싼데도 불타나게 팔리고 있지만, 그렇다고 사용가치가 3~5배나 되는 건 아니거든요. 효용성 면에서는 일본 자동차나 고급 외제차나 차이가 별로 없습니다. 그렇다면 결국 의미가치에 그만큼 큰 프리미엄을 지불한다는 뜻입니다.

사실 이동수단으로서 거의 효용성이 없는 자동차도 팔리고 있잖아요. 람보르기니나 페라리를 그 전형적인 예로 꼽을 수 있습니다. 차체는 거대하지만 사람은 두 명밖에 타지 못하는 데다 짐도 거의 실을 수 없으니까요. 험한 길을 달릴 수 없을 뿐만 아니라 지면에서 차체까지의 높이가 낮아서 진입로에 방지 턱이 있는 주유

◀ 이탈리아의 스포츠카 제조업체 람보르기니가 2011년부터 생산하고 있는 2도어 2시트의 스포츠카 아벤타도르. 람보르기니는 특유의 미래 지향적이고 직선 위주의 공격적인 디자인과 수직으로 위로 올라갔다 내려오는 시저 도어(Scissor Door)로 유명하다. 2인승에 트렁크 용량이 거의 없지만 출시 가격이 약 7억 원에 달한다.
▶ 일본 중형차의 상징인 혼다의 어코드. 1976년 출시되어 45년간 10세대까지 이어지고 있는 5인승 중형 세단으로 출시 가격이 약 4,000만 원이다.

소에도 못 들어갑니다. 한마디로 이동수단으로서의 효용가치를 평가하면 절대로 점수를 줄 수 없는, 그저 폭음을 내며 돌진하는 물건일 뿐이죠. 그런데도 수억 원의 대가를 지불하면서까지 갖고 싶어 하는 사람이 줄을 잇습니다. 바로 의미가치에 기꺼이 돈을 내는 거죠.

이렇게 실질적인 효용성이 있는 상품에서 의미가 빛을 발하는 상품으로 가치의 원천이 옮겨가는 현상은 다양한 상황에서 찾아볼 수 있습니다. 요즘 집에 장작 벽난로를 설치하고 싶어 하는 사람들이 늘고 있는 현상도 같은 맥락입니다. 매우 효율적인 난방장치가 이미 있는데도 굳이 비싼 돈을 들여가며 불편한 벽난로를 갖추려는 추세는 실용성이라는 가치에서 의미가치로 무게 중심이 이동하는 현상으로 이해할 수 있습니다.

좀 과장해서 표현하자면, 저는 '근대의 종말'을 가리키는 현상이라고 생각합니다. 도움이 된다거나 편리하다는 기준은 지금까지 200여 년간 줄곧 가치를 생성해왔지만 최근에는 기능이나 편리성을 높여도 팔리지 않는 상황이 곳곳에서 벌어지고 있거든요. 대다수 기업이 지금까지 효용성이 큰 물건과 서비스로 가치를 창출해왔습니다. 특히 20세기에 발 빠르게 세계 진출에 성공한 기업들은 대부분 '효용'이라는 편익을 제공함으로써 성공을 거머쥐었죠. 반면에 '의미'라는 편익을 제공함으로써 세계 진출에 성공한 기업들은 별로 없습니다.

인류 문명이 일정한 수준을 넘어서면 문화적 측면에서의 가치 창출로 변화하게 마련입니다. 하지만 이런 시대 흐름을 빠르게 따라가지 못하면 여전히 효용성 측면에서 가치를 창출하고 있는 수준에서 벗어나지 못합니다. 사용가치만 추구하다가는 머지않아 역설적으로 사용가치가 '없는' 상품과 서비스를 만들어내는 결과를 낳게 되는 것이죠.

가전제품의 리모컨을 예로 들어볼까요? 저희 집에서 쓰는 TV 리모컨에는 버튼이 65개나 달려 있어요. 평소에 사용하는 버튼이 4개니까 나머지 61개는 그야말로 아무런 쓸모가 없죠. 효용성이라는 축에서 벗어나지 못하고 있기 때문에 쓸모없는 물건이 만들어지는 것입니다.

구스노키   과거에는 해결해야 할 문제가 해결책의 양을 크게 웃돌았습니다. 하지만 점점 더 해결책이 과잉 상태가 돼가면서 해결책이 양적으로 많아지는 양적 문제가 발생하고 있습니다. 하지만 '의미'를 만족시켜야 하는 오늘날에는 양적 문제보다는 질적 문제가 발생하기 시작합니다. 과거에 해결해야 할 문제들은 누가 보더라도 똑같은 해결책이 필요한 문제였습니다. 날씨가 더우니 음식물이 상하지 않도록 저온을 유지하는 성능 좋은 냉장고가 필요하다는 식이었죠. 반면에 의미가치를 척도로 하면 이야기가 달라집니다. 개인에게 의미가 있느냐 없느냐 하는 문제에서는 사람마다 관점과 기준에 따라 달리 충족되어야 하기 때문이죠.

●● 슈퍼커브의 도약, 편익에서 이미지로의 변화

구스노키   전 세계적으로 성공을 거둔 혼다의 프리미엄 소형 오토바이 '슈퍼커브Super Cub'는 지금까지 세상에서 만들어진 모빌리티 상품 가운데서 가장 많은 누적 판매량을 기록했습니다. 1958년부터 60년 동안 생산 대수가 1억 대를 넘은 데다가 지금까지도 매일 기록을 경신하고 있는 상품이죠. 혼다의 창업자 혼다 소이치로本田宗一郎가 야근을 하다 소바를 주문했는데 배달원이 오토바이를 타고 배달을 오다가 그만 국수를 다 엎어버린 일이 있었습니다. 여기서 착안해,

■ 누적 생산량
■ 연간 생산량
(단위: 백만 대)

◀ 2018년에 출시된 혼다의 슈퍼커브 110 모델. 2018년형은 1958년에 생산된 슈퍼커브의 초기 모델 디자인까지 재현한 레트로 디자인으로 호평을 받았다.
▶ 오토바이의 효용성에 의미와 이미지가 더해지면서 슈퍼커브의 생산량은 2000년대 이후 급상승했고, 2017년에 누적 생산량 1억 대를 돌파했다.

배달부들을 위해 한손으로도 조작할 수 있으며 타고 내리기 편안한 바이크를 만들어야겠다고 생각한 슈퍼커브의 탄생 일화에서도 알 수 있듯이, 처음 출시된 슈퍼커브는 효용가치가 굉장히 높은 상품이었습니다.

그런데 지금 혼다 슈퍼커브 소비자들이 가치 있게 생각하는 것은 슈퍼커브의 효용성에만 있지 않습니다. 소비자들이 놀랍게 생각하는 것은 혼다 소이치로가 슈퍼커브의 첫 세대를 제작한 이래 60년이 넘어가는 지금까지 최초 모델에서 세부구조만 조금 바뀌었을 뿐, 기본적으로 같은 기술과 구조를 그대로 유지하고 있다는 점입니다. 이 점이 슈퍼커브 이용자들에게 대단한 자부심을 주고 있습니다. 혼다는 상품이 효용성에만 머물면 안 되고 의미를 가져야 한다는 본질을 꿰뚫어봤죠. 그래서 효용성의 가치만을 확대하기보다는 특별한 '의미'를 추구하게 된 것입니다.

야마구치   슈퍼커브 사례에서 흥미로운 점은 상품의 의미가치를 형성한 것
이 슈퍼커브를 제조해서 시장에 제공한 기업이 아니라 그 제품을
받아들이는 시장이었다는 사실입니다. 원래 혼다는 할리데이비슨
Harley-Davidson과 같은 대형 바이크로 미국 시장에 진출하려고 했지만
계획대로 되지 않았다고 합니다. 그러던 중에 슈퍼커브를 업무용
으로 타고 다니는 혼다의 영업 사원을 본 현지 판매 직원이 "오히
려 저게 더 좋을 것 같은데요"라고 말했다고 합니다. 그 한마디가
계기가 되어 슈퍼커브를 미국 시장에 내놓게 됩니다.

그때까지 오토바이는 마약과 폭력 등 불법을 일삼는 헬스 엔젤
스Hells Angels 같은 불량배들이나 타는 것이라는 부정적인 이미지가
박혀 있었죠. 하지만 선량하고 착실한 사람들이 슈퍼커브를 타면
서 오토바이가 '건전하고 무척 편리한 이동수단'이라는 이미지로
완전히 바뀌었습니다. 공급자가 아닌 사용자에 의해 슈퍼커브의
'착실하고 멋진 사람들의 이동수단'이라는 이미지가 시장에서 자
발적으로 만들어진 것이죠.

구스노키 저는 비즈니스의 본질이란 '문제를 해결하는 것'이라고 생각해왔습니다. 존 메이너드 케인스는 100년 전에 '문제 해결의 관점에서 비즈니스가 활성화되면 결국 대부분의 문제가 해결되고 쌀, 라면, 간장 같은 순수소비재만 팔리게 되어 소비가 극히 억제됨으로써 상업 활동도 제한되는 것이 아닐까?'하는 문제를 고심했습니다.

야마구치 케인스는 '생산성이 이대로 계속 상승하면 하루에 3시간만 일해도 되는 사회가 도래한다'고 예언했었죠.

구스노키 케인스의 예측은 틀린 것 같습니다. 지금 관점에서 보면 비즈니스에는 끝이 없으니까요. 어떤 공간에 다양한 니즈, 즉 '해결해야 할 문제'가 가득 차 있다고 가정해봅시다. 기업은 특정 니즈에 대응해서 문제 해결을 위해 상품과 서비스를 제공하겠죠. 이렇게 하나씩 문제가 해결되면 마치 도안에 부분마다 색칠해서 그림이 완성되듯이 모든 문제가 해결되고, 결국은 문제 해결로서의 비즈니스도 한계에 부딪힌다고 생각할 수 있습니다.

그런데 현실에서는 아직도 고객의 니즈에 대응하는 다양한 상품과 서비스가 계속 쏟아져 나오고 있습니다. 어찌된 일일까요? 문제 해결 자체가 새로운 문제를 만들어내는 것은 아닐까요? 그렇다면 문제 해결로서의 비즈니스는 무한대로 흘러갑니다.

컴퓨터가 나오고 인터넷이 가능해지면서 점점 더 많은 문제가 해결되었지만, 온라인상에서 정보를 주고받다 보니 바이러스라는 새로운 문제가 발생했습니다. 그리고 바이러스를 제거하기 위한 소프트웨어가 필요해졌습니다. 이렇게 문제 해결이 새로운 문제를 끊임없이 만들어낸 것이죠.

핵심은 새로운 문제 설정이란 감각과 예술의 영역에 속한다는 겁니다. 기술이 뛰어난 사람들이 보면 이미 해결 과잉 상태지만, 감각이 뛰어난 사람들에게는 해결해야 할 문제가 보이는 거죠.

야마구치 문제를 해결하면 새로운 문제가 생기는데, 이때 오래된 문제와 새로운 문제는 서로 문제의 유형이 다릅니다. 문제를 '이상적인 상황과 현재 상황의 차이'라고 정의한다면, 이상적인 상황을 어떻게 정의하느냐에 따라 문제 유형이 달라지는 거죠. 단적으로 말해서 문제는 해결하면 할수록 양적 문제에서 질적 문제로 옮겨갑니다.

매슬로의 욕구 5단계 이론을 봐도 그렇습니다. 생리적 욕구나 안전의 욕구 등 비교적 저차원적 욕구일수록 수치화하기 수월하고 자아실현이나 존중의 욕구 등 고차원적 욕구일수록 수치화하기 어렵습니다. 사망률이나 수명은 수치로 나타낼 수 있지만 자아실현의 달성 같은 건 수치로 나타내기 어렵죠. 그렇다면 수치화할 수 없는 질적인 기준에서 문제를 파악해야 한다는 말인데, 그 상황에서는 역시 과학이 아니라 인문과학적인 감각이 필요할 거라고 생각합니다.

'선진국 가운데 일본의 유아사망률이 가장 높다'고 표현하면 문제의 심각성을 통감하기 쉽고 개선의 방향이나 방법도 쉽게 잡힙니다. 이런 경우 필요한 건 기초적인 통계 지식이나 기술이지, 감각이 아닙니다. 반면에 양ᵇ으로는 도저히 파악할 수 없는 문제를 인식하기 위해서는 감각이 필요합니다. '거리가 아름답지 않으니 상점의 간판 설치를 규제해야 한다'는 제안을 예로 들어볼까요? '아름답지 않다'는 것은 수치로는 표현할 길이 없기 때문에 좀처럼 문제에 접근하기 어려운 것이죠.

●● "모르는 것을 탐구하고 있습니다"

구스노키 종종 논리와 직관을 대립시켜 생각하는 사람이 있습니다. 이 두 가지는 각각 다른 특성을 갖고 있고, 실제로 두뇌를 사용해서 일하는 사람들에게 '논리는 항상 직관을 필요로 한다'는 명제가 사실입니다. 출발점에서 문제를 발견하고 설정하려면 필연적으로 직관이 필요합니다. 다시 말하자면, 두 개념은 '순서'로 연결됩니다. 직관이 없으면 논리도 있을 수 없습니다.

그러니 '디자인 씽킹'을 억지로 기술화한다거나 엔지니어링 문제처럼 기법으로 인식해서는 안 됩니다. 결국 논리라는 건 'X면 X

일수록 Y가 된다'는 식으로 서로의 관계를 생각하는 것입니다. 세상에 무한한 구성 개념들 가운데서 왜 X와 Y라는 특정한 두 가지 요인을 생각했을까요? 짐작해서 예측하는 '직관'이 발동한 것이죠. 그러므로 논리적 가설을 세우는 문제 해결의 장은 기술의 세계이기보다는 감각의 세계인 겁니다.

과학자들 중에는 이런 지적을 하는 사람이 많습니다. 이론물리학자이자 일본인 최초의 노벨상 수상자인 유카와 히데키湯川秀樹 교수는 이런 말을 했습니다. "모르는 것을 탐구하고 있습니다. 이런저런 이유를 대고 있지만 결국 직감밖에 없어요. 직감 능력이 출중한 사람은 가장 좋은 출발 기회를 재빨리 붙잡습니다." 그의 말을 들어보면 과학의 출발점 또한 감각에 있다고 합니다.

노벨 의학상을 수상한 의학자 혼조 다스쿠本庶佑 교수도 같은 이야기를 하시더군요. 가장 중요한 질문은 '무엇을 알고 싶은가?'라고요. 혼조 교수는 이렇게 강조했습니다. "우선 무엇을 알고 싶은지를 알아야 합니다. 여기에 과학자의 생명선이 있지만 교과서를 가지고 체계적으로 공부해도 답은 나오지 않죠. 그러니 교과서를 의심해야 합니다. 최신 기술을 응용하면 과학의 최첨단 분야는 점점 확장되지만 아무리 테크놀로지가 발달해도 '무엇을 알고 싶은지'에 대한 답은 가르쳐주지 않습니다."

유니클로의 모기업인 패스트 리테일링의 야나이 다다시柳井正 회장 역시 "비즈니스도 똑같습니다. 기준이 되는 콘셉트, 비즈니스의 기반을 만들지 않으면 아무것도 시작되지 않거든요"라고 했습니다. 요컨대 과학이든 비즈니스든 출발점에는 기술이 아니라 감각이 있다는 뜻입니다.

분석과 종합이라는 대비로 보아도 마찬가지입니다. 조금만 생각해보면 이 두 가지가 서로 떼려야 뗄 수 없는 관계라는 걸 알 수 있습니다. 분석分析이란 한마디로 '쪼개면 알 수 있다'는 사고방식입니다. 하지만 전체를 어떤 식으로 쪼개느냐가 분석에 선행되어야 하는데 실제로는 간과되고 있어요. 어떻게 쪼갤 것인가를 결정할 때는 감각이 중요하거든요.

야마구치　분석이 기술적이라는 오해는 자주 일어나죠. 사실상 분석에 가장 필요한 것은 감각입니다. 감각이 필요한 이유는 문제의 원인을 직관적으로 파악해야 더욱 의미 있는 분석을 할 수 있기 때문입니다.

좀처럼 제품의 품질이 안정되지 않는 섬유회사가 있었습니다. 그래서 어느 라인에 문제가 있는 건지, 어떤 공정에 문제가 발생한 건지 여러모로 분석해봤지만 정확한 원인을 밝혀내지 못했습니다. 그때 한 엔지니어가 불량품이 나온 날과 그날의 날씨 사이의 관계를 조사했습니다. 그랬더니 불량품은 항상 비가 많이 내린 날 발생했다는 사실이 밝혀졌어요. 이 공장은 섬유를 세탁하기 위해 물을 강에서 끌어다 쓰고 있었는데 비가 많이 오면 강의 미네랄 함유량이 증가해서 문제를 일으켰던 겁니다. '섬유의 품질이 혹시 날씨와 관계가 있지 않을까?'라는 문제 제기가 주효했습니다. 무심코 넘어가던 일에 의문을 품는 직관이 먼저 발휘되지 않았다면 도저히 분석의 실마리를 찾을 수 없었을 것입니다.

구스노키　현실에서는 레고 블록처럼 미리 정해진 부품으로 딱딱 쪼갤 수 있는 문제는 별로 없습니다. 어떻게 쪼개도 반드시 해결할 수 없는 상황이 나오거나 헛수고를 하게 되죠. 그래서 얼마나 의미 있게 나누느냐에 그 사람의 진가가 나타납니다. 독자적으로 문제를 해결할 수 있는 사람은 이런 상황에서 독창적으로 쪼개어 분석합니다. 반면에 분석밖에 할 줄 모르는 사람은 요소를 전부 쪼갠 다음에야 그 요소들 사이의 관계를 논리적으로 생각해보려고 애씁니다. 이런 사람의 문제 해결력은 10퍼센트 정도밖엔 안 되는 거죠.

야마구치　무턱대고 분석하고 있지만 이렇다 할 시사점이나 통찰을 얻지 못하는 사람이 많습니다. 성과로 이어지지 않는 헛된 작업, 즉 '쓸모없는 일'을 하고 있는 셈이죠. 문제 해결을 위한 분석에서 가장 중요한 것은 '이것이 원인이 아닐까?' 하고 잡아채는 영감inspiration입니다. 이게 바로 감각이고 직관이죠. 날카로운 직관력이 있다면 매우 간단한 분석 한 방으로 강렬한 설득력을 가질 수 있습니다.

감각의 시대가 온다

●● 산의 양쪽에서
터널을 파는 사람

구스노키 야마구치 선생님께서 "정말로 일을 잘하는 사람은 산의 양쪽에서
터널을 판다"고 책에 쓰셨는데, 정말로 인상적이었습니다.

야마구치 분석은 보텀업^{bottom-up} 방식이잖아요. 여러 개의 축에서 잘라보고
이런 저런 시행착오를 겪으며 생각하는 겁니다. 반면에 '원인은 이
것이 아닐까?' 하는 직관에서 고찰을 시작하는 것은 톱다운^{top-down}
방식입니다.

직관에 기초해서 이것을 어떻게 증명하느냐 하는 '땅파기'와 우
선 입수해놓은 데이터를 여러 가지로 나눠 생각해보는 '땅파기', 그
양쪽이 이어짐으로써 원인이 선명하게 특정되는 것입니다. 이런

방식을 가리켜 저는 '산의 양쪽에서 터널을 판다'고 표현합니다.

구스노키 요컨대 부분을 모아서 전체를 만드는 것이 아니라, 최종적인 업무 성과라는 목적을 달성하기 위해 부분을 어떻게 나눌지 기준을 세우고, 그 기준에 맞게 전체를 부분으로 나누는 거죠. 그래서 '종합파'와 '분석파'로 나누거나 '직관파'와 논리파'가 정반대에 있다는 분류 자체를 다시 생각해봐야 합니다. 그렇게 본다면 세상에는 종합과 분석을 둘 다 할 수 있는 일 잘하는 사람들, 그리고 종합과 분석 둘 다 할 수 없는 일 못하는 사람으로 양분되는 게 아닐까 싶네요.

야마구치 분석 자체는 업무 기술만으로도 가능하겠지만 기술만 가지고 쪼개기 시작하면 통합할 수가 없게 됩니다. 산의 한쪽에서만 터널을 파는 것이나 다름없기 때문에 터널의 입구가 어디로 날지를 알 수 없습니다. 분석은 보텀업, 통합은 톱다운으로 하면 됩니다. 감각과 직관으로 통합의 이미지를 그리면서 어떤 방법으로 나누면 마지막에 터널이 이어질지를 생각해야 합니다. 다시 말해 분석 작업에 들어가기 전에 먼저 통합의 이미지를 그려야 한다는 뜻입니다.

이 점에서는 보스턴컨설팅그룹Boston Consulting Group과 매킨지McKinsey & Company가 상당히 다른 유형인데, 제가 보기에 매킨지는 '직관의 이미지'를 경시하는 경향이 있습니다. 반면에 보스턴컨설팅은 마지막 출구의 이미지를 떠올리며 분석하는 것을 중시합니다.

노력은 배신하지 않는다는
믿음의 대가

야마구치   감각이 등한시되는 데에는 '노력이 보상받는다'는 '공정한 세상 가설just-world hypothesis'에 대한 믿음이 역할을 한 것으로 보입니다. '공정한 세상 가설'이란 정의에 관한 심리학 연구의 선구자로 불리는 멜빈 러너Melvin Learner가 처음 제창한 가설입니다. 이는 이 세상은 열심히 노력하는 사람이 보상받고 그렇지 않은 사람은 벌을 받게 되어 있다는 사람들의 믿음을 일컫습니다. 원인이 있으면 그에 합당한 결과가 따른다는 내용 면에서 볼 때 불교에서의 인과응보因果應報 사고관과 유사하죠.

반면에 그리스도교의 프로테스탄트가 신봉하는 예정설에서는 신에게 구원받을 사람이 날 때부터 정해져 있어서 본인이 선행을 쌓든 악행을 쌓든 구원이라는 결과와는 전혀 관계가 없다고 주장합니다. 어떤 행동을 하든 어차피 천국에 갈 사람은 천국에 가고 지옥에 갈 사람은 지옥에 간다는 거죠. 이는 프랑스 신학자이자 종교개혁 지도자였던 장 칼뱅Jean Calvin의 사고방식입니다.

이를 일의 기술과 감각에 대입해볼까요? 일반적으로 기술은 노력으로 향상시킬 수 있지만 감각은 노력으로 향상시키기 어렵다는 인식이 팽배한데, 이런 인식이 감각을 기술보다 덜 중요하게 여기도록 만든 것이 아닐까 싶습니다. 인과응보의 사고관이 작동한 것이죠.

구스노키 문예평론가 고바야시 히데오는 동시대 사람들에게 '천재주의', '직관주의', 혹은 '반反지성주의'라고 몹시 비판을 받았습니다. "노력이 보상받지 못한다면 어떻게 하라는 거야" 같은 비난의 말을 들었던 것이죠. 감각이란 무엇인지 정확히 정의내리기 어렵지만 누구나 알고 있는 것으로 이해되고 있어요. 그렇다 보니 분명 알겠는데 막상 보여달라고 하면 이거다 하고 확실히 보여줄 수가 없고, 그래서 더 수긍하기 어렵게 느껴지는 것입니다.

야마구치 저는 1960~1970년대 일본 만화를 대표하는 걸작으로 꼽히는 권투 만화인『내일의 죠あしたのジョ』*에서 천재적인 복서 야부키 죠가 왜 계속 지는지에 대해 종종 생각하곤 했습니다. 죠의 노력은 라이벌들에 비해 결코 부족하지 않습니다. 마지막에는 목숨을 잃을 정도로 철저히 자신을 억제하며 노력합니다. 그런데도 지고 말아요. 만화책에 쓰여 있지는 않지만 결국 감각이 없어서 지는 것입니다.

　만화를 본 사람들은 알겠지만, 죠의 패배는 정말로 비극입니다. 그런 비극이 왜 그렇게까지 인기를 끌었을까요? 어쩌면 대부분의 사람들이 죠와 자신을 동일시하는 게 아닐까 싶습니다. 아무리 착실하게 노력해도 자기 감각 하나로 기지를 발휘해 획 하고 앞지르는 녀석들을 이기지 못하는 경험을 다들 해본 것이죠.

◆　한국어판은『허리케인 죠』로 2000년에 서울문화사에서 출간했다.

　격차를 만드는 사람은 무엇이 다른가

『내일의 죠』를 쓴 가지와라 잇키梶原一騎(필명은 다카모리 아사오)의 또 다른 작품인『거인의 별』에서도 그렇습니다. 주인공이 역경을 딛고 성공하는 전형적인 야구 만화죠. 주인공 호시 휴마의 메이저리그 볼 1호는 타자의 배트를 노려 내야 땅볼로 아웃시키는 마구魔球였는데요, 매우 생뚱맞은 동작을 취하죠. 주인공은 왜 그렇게 현란한 동작을 취한 것일까요?

호시 휴마는 엄청난 노력 끝에 무시무시한 투구 기술을 몸에 익히는데, 고교를 졸업하고 프로로 등단할 때 휴마가 던지는 공의 구질이 가벼워 프로에서는 통용되지 않을 거라는 예언을 받습니다. 그리고 우려하던 대로 호시 휴마는 프로 데뷔 경기에서 홈런을 맞습니다.

공의 속도가 빠르고 컨트롤도 좋았지만 역시 프로야구 타자가 치기에는 그리 어려운 공이 아니었습니다. 공이 가벼워서 맞으면 쉽게 파울이 되었기 때문에 이런 타구로는 승산이 없었던 겁니다. 그래서 경이로운 제구력을 활용해 타구 태세를 취하고 있는 타자의 배트에 공을 맞히겠다는 전략을 택하게 됩니다. 공이 가볍기 때문에 배트에 맞으면 툭 하고 떨어져 내야 땅볼이 되거든요.

『거인의 별』처럼 당시 인기가 있었던 만화들의 주제는 대체로 '재능이 없는 사람이 노력만으로 이길 수 있을까'였습니다. '천재 vs 노력가'라는 구도가 대세였죠.『거인의 별』에서는 휴마의 라이벌이 선천적으로 집 안에 배팅 전문 트레이닝 시설을 둘 정도로 금수저에다가 재능도 타고난 천재였습니다. 반면 휴마의 집은 벽

가지와라 잇키의 『내일의 죠』와 『거인의 별』 표지. 역경을 딛고 성공하는 주인공을 그린 권투 만화와 야구 만화로, 1960~1970년대 일본 만화의 대표작으로 꼽힌다.

에 주먹만 한 구멍이 뚫려 있는 판잣집이었고요.

구스노키   그런데 결국 그 벽에 난 구멍을 향해 볼을 던져서 집 밖에 있는 나무에 맞고 볼이 돌아온다고 했지요, 아마?

야마구치   그것도 기술의 영역이라고 볼 수 있을 것 같습니다. 구질은 변하지 않지만 컨트롤 능력은 단련되었습니다. 확실히 노력하면 보상받는다는 인과응보의 세계관을 반영한 것이죠.

교양을 잃으면
법칙을 찾는다

구스노키 기술이나 과학은 가치 기준이 외부에 확실히 자리 잡고 있기 때문에 장점도 있지만 그로 인한 한계도 있습니다. 개성이나 다양성이 중요한 시대라고 하면서도 한편으로는 여전히 기술의 중요성을 강조하는 분위기가 상당히 아이러니합니다.

야마구치 다양성이나 개성은 기술과는 확실히 맞지 않는데 말입니다.

구스노키 맞습니다. 기술이나 과학은 본질적으로 범용화되니까 누가 해도 결과가 똑같아집니다. 과학의 목표는 보편적 재현성, 일반성입니다. 에너지는 질량과 광속의 제곱에 비례한다는 아인슈타인의 공식 $E=mc^2$은 언제 어디서 누가 어떤 기분으로 자연을 관측해도 $E=mc^2$이 되거든요. 그때그때의 기분에 따라서 세제곱이 된다거나 장소에 따라서 네제곱이 된다거나 하는 일은 없습니다. 이것이 과학의 본질입니다. 과학은 재현 가능한 법칙을 정립하는 데 목표를 두고 있으니까요.

야마구치 선생님은 오랫동안 '기초교양liberal arts'의 중요성을 강조해오셨습니다. 기초교양이란 자신의 가치 기준을 자신의 언어로 타인에게 설명할 수 있다는 것이죠. 자신이 스스로 형성한 가치 기준이 있다는 것, '자각적인 것'이 있다는 것, 그것이 바로 '교양이 있다'는 것입니다. 이렇게 볼 때 교양 형성의 본질에는 예술과 감각이 있습니다.

요즘 시대는 필요 이상으로 정확성^{correctness}을 요구합니다. 정보의 유통 비용이 급격히 낮아지고 유통 속도가 빨라졌기 때문에 의미가 있든 없든 누구나 자기 의견을 가시적으로 표현하고자 합니다. 이런 분위기에서는 자신이 스스로 확립한 가치 기준이 없는 사람, 쉽게 말해 교양이 없는 사람은 여러 상황에서 외재적인 정확성에 지나치게 신경을 쓰게 됩니다.

의사소통을 할 때도 자신의 가치 기준보다 기존의 가치, 세상의 가치 기준에 맞추려 합니다. 그러지 않으면 자신에게 불리할 거라고 생각하는 거죠. 저는 이런 상황이 '교양의 상실' 혹은 '교양의 포기'가 아닌가 생각합니다. 기준이 될 만한 자신만의 가치가 없기 때문에 점점 외부에서 주어진 가치 기준에 맞추게 되는 것입니다. 그런 사람들에게 과학이 제공해주는 법칙은 굉장히 만족스럽겠죠.

야마구치 자신만의 내재적인 가치 기준이 있고 그 기준이 흔들리지 않는 것이 교양의 조건이니까요.

구스노키 과학은 원인과 결과의 관계가 상당히 확실하게 증명되어 있어서 그것이 '좋은 것'이라고 말하기 쉽습니다. 유약하고 불안한 사람일수록 법칙에 의지하는 것 같아요. 물론 과학적 법칙 자체에는 가치가 있습니다. 하지만 제가 문제 삼는 것은 자신의 일이나 일상 생활에서의 가치 판단을 무턱대고 법칙에서 찾으려 하는 경향입니다. 인간의 행위나 사회 현상은 자연과학만큼 깔끔한 일반 법칙이 성립하지 않기 때문에 법칙을 적용하려면 자신이 처한 상황이나 배경에 주목해야만 합니다. 그런데도 사람들은 깊게 생각하지 않고 무조건적 법칙에서 정답을 찾으려 합니다.

야마구치 가치 기준을 자신 외부의 과학에서 추구하면 여러 상황에 대응하기 쉽고 분쟁도 잘 일어나지 않습니다. 이런 점 때문에 나만의 가치 기준을 세우기보다는 법칙에 기대려는 경향이 더욱 강해지는 것 같습니다.

●● 옳고 그름에서 좋고 싫음으로

구스노키 과학과 법칙을 중시했을 때와 예술과 직감을 중시했을 때에는 분쟁을 다루는 방식도 달라집니다. 과학에서 분쟁이란 어느 쪽이 옳은지를 따지는 것입니다. 천동설이 옳다면 지동설은 부정되고, 지동설이 옳다면 천동설은 부정되겠죠. 둘이 대결할 때 하나를 취하고 다른 하나를 버리는 식으로 옳고 그름을 따지는 것이 과학의 세계입니다.

이와 달리 예술의 세계는 관대하고 평화롭죠. 취향에 맞지 않는다거나 직접적인 관계가 없으면 자신과 다르다고 인정하면 됩니다. 감각이란 천차만별인 데다 좋고 싫음의 개념이니까요. 하지만 과학 중심적 사고가 지배적인 오늘날 우리 사회에서는 좋고 싫음의 개념을 옳고 그름의 개념으로 강제 치환시키려는 경향이 있습니다. 이런 사고가 쓸데없는 논쟁만을 야기하는 것이죠. 말로는 다양성이 중요하다고 하면서도 다른 의견이나 가치관을 지닌 사람과 맞닥뜨리면 옳고 그름을 주장하려 듭니다.

젠더나 인종 같은 인구통계학적인 다양성은 환영하면서도 이보다 중요한 가치관의 다양성에 대해서는 수용의 폭이 좁습니다. 사회적으로 다양성이 중요한 가치라고 생각한다면 조직적으로도 다양성이 필요한 게 당연한 이치입니다. 조직적 다양성이 있어야 사회적 다양성도 늘어날 테니까요. 다양성을 외치는 사람일수록 가치관의 다양성을 인정하지 않는 '다양성의 역설paradox'을 내면에 품고 있죠. 바로 이런 점이 정확성 과잉 사회의 단면을 보여주는 것이 아닐까 싶습니다.

자신과 다른 관점을 지녔거나 다른 의견을 피력하는 사람이 있으면 "좋아하는 것과 싫어하는 것은 사람마다 다르죠" 또는 "당신은 그런 취향이시군요? 저는 이렇습니다" 하고 대화를 이어나가면 됩니다. 좋고 싫음의 취향 문제에 보편적인 가치 기준을 무리하게 적용하며 옳고 그름을 따지고 드는 건 정말 허무한 일입니다.

식당에서 음식을 주문할 때 각자 좋아하는 메뉴를 고르면 그만입니다. 한데 요즘은 그런 사소한 취향의 문제마저도 옳고 그름의 기준으로 강제 해석하여 자신과 다른 음식을 선택한 상대의 안목을 폄하하거나 타박하는 일이 종종 일어나곤 합니다. 상대 의견을 존중하면서도 무관심한 사고와 자세로 대응하는 것이 좋을 때도 있는 법입니다.

앞서 소개했던 슈퍼커브를 만든 혼다 소이치로와 그의 오른팔이었던 후지사와 다케오藤沢武夫는 서로를 존중하면서도 방치하면서 일하는 그런 관계였습니다. 혼다가 대기업으로 성장하고부터는 두 사람은 거의 대화를 하지 않았다고 해요. 회사를 창업할 당시에 이미 평생 나눌 대화를 다 나눴기 때문이라고 하지만, 사실 감각이 전혀 달라서 서로 맞지 않았던 것이죠. 그럼에도 이들은 최강의 콤비였습니다.

야마구치　오히려 그래서 파트너로서 훌륭했다고 말할 수도 있을 겁니다.

구스노키　맞습니다. 두 사람이 동시 퇴임한 후에도 재미있는 일화가 있는데요, 일에서 물러난 혼다 회장은 원래의 성향대로 각계 사람들과 교류했고 그의 집은 늘 많은 사람들로 북적거렸다고 합니다. 하지만 후지사와는 혼다 회장이 개최하는 사교모임에는 절대로 가지 않았다고 해요. 이를 의아하게 여긴 사람이 "후지사와 씨, 두 사람이 무척 오랜 세월을 함께해왔는데, 왜 혼다 씨가 개최하는 모임에 가지 않는 거죠?"라고 묻자 후지사와 씨는 이렇게 대답했다고 합니다. "제 취향이 아니에요."

저는 이 이야기가 아주 마음에 듭니다. 평생 비즈니스의 동반자로 살아왔지만 '취향이 아니다'라는 한마디 말로 이들 관계에서 충분히 엿보이는 존중과 배려 말이죠. 감각을 존중했을 때에는 이처럼 평화로워집니다. 전쟁은 대개 '옳고 그름을 따지는 사람'이 시작하거든요.

야마구치　매사를 옳고 그름으로 판단하려는 사람은 배타적이고 독점적이면서 양립할 수 없는 사고방식을 갖고 있는 것 같습니다.

구스노키　좋은 것부터 나쁜 것까지 전부 하나의 차원에서 늘어놓으며 우열을 가리면 경쟁적이 되고 타인에게 배타적이 되고 맙니다.

Chapter 04

평화로운 전략 게임의 승자들

● ●　스포츠형 비즈니스와
　　　예술형 비즈니스

야마구치　우열을 가리고 싶은 심리는 여러 곳에서 발동합니다. 사람들은 기술뿐 아니라 감각에 대해서도 서열을 매기고 싶어 하잖아요. 감각이란 좋고 싫음의 문제, 즉 개인 취향과 관련한 것인데도 말이죠. 감각에 서열을 매기면 그것은 이미 감각이 아니라 기술이고 과학이 됩니다.

구스노키　고백하자면 저는 스포츠를 싫어합니다. 스포츠라는 개념에 그다지 익숙해지지를 않더군요. 왜 나는 스포츠가 싫을까 하고 어릴 때 줄곧 생각했었죠. 제가 중고등학생이었을 당시, 동아리 활동은 곧 학교생활의 정체성이었습니다. '축구부 ○○○', '야구부 ○

○○'이라는 게 중요했거든요. 모두가 좋아하며 열중하는 일이 왜 나만 유독 싫은 걸까 하고 고민할 수밖에 없었죠. 고민을 거듭하다 보니 점점 본질이 보였습니다. 스포츠가 싫었던 이유 중 하나는 사전에 규칙이 설정되어 있다는 점이었어요. 하나의 차원에서 경쟁을 해야 하잖아요. 그래서 꼭 우열이 드러납니다. 다트와 같은 게임도 규칙이 정해져 있다는 점에서 스포츠와 마찬가지입니다.

반면에 저는 늘 음악을 좋아했어요. 음악은 스포츠나 게임의 조건과는 반대잖아요. 사전에 규칙이 설정되어 있지 않고 하나의 차원에서는 우열을 가려 서열화할 수 없다는 점 말이죠.

야마구치   저는 비즈니스에도 스포츠형 비즈니스와 예술형 비즈니스, 두 가지가 있다고 생각합니다. 수치화해서 어느 쪽이 이기고 졌다고 비교할 수 있는 비즈니스는 분명 경쟁하는 비즈니스죠. 비즈니스에도 일종의 규칙이 있어 매출이나 기업 가치 면에서 성패 여부가 외재적으로 결정된다면, 이는 스포츠형 비즈니스라는 뜻입니다.

예를 들어 검색 엔진의 목적은 정확한 검색 결과를 제공해주는 것입니다. '결과가 조금 이상하지만 나름대로 매력이 있으니까'와 같은 식의 검색 결과를 원하는 건 아니니까요.

구스노키   정확성으로만 보자면 구글은 스포츠 경기의 금메달리스트군요. 구글의 전 세계 점유율은 90퍼센트가 넘으니까, 압도적 1위죠.

하지만 원래 비즈니스는 스포츠와 다르지 않을까요? 비즈니스를 스포츠에 비유해 생각하는 사람들이 근본적으로 오해하는 부분이 있습니다. 스포츠에서는 승부의 기준이 사전에 규칙으로 정의되어 있기 때문에 누군가가 이기면 누군가는 지게 되어 있습니다. 하지만 본래 비즈니스란 각자 전략을 세워 서로 차이를 만들어가는 겁니다. 결과적으로 한 업계에서 동시에 복수의 승자가 나올 수 있는 거죠.

이를테면 같은 의복 업체지만 자라^{ZARA}도, 유니클로도 모두 '승자'입니다. 더 작은 브랜드로 실적을 올리고 있는 업체도 승자라고 할 수 있고요. 시가총액이 적다고 해서 진 것은 아니죠. 이런 점에서 비즈니스는 스포츠와 비슷한 듯하면서도 사실은 전혀 다른 성격을 띠고 있습니다.

야마구치 경쟁 무대가 국가별로 폐쇄적이었던 1990년대 이전 상황에서는, 각 나라마다 지배적인 영향력을 지닌 기업 4~5개만 살아남게 되는 스포츠형 비즈니스였죠. 그런데 이제는 글로벌 경쟁을 하고 있으니 전 세계에서 3~4개 회사밖에 살아남지 못할 테고 경쟁 원리가 격심한 세계가 될 거라고 생각합니다.

그런 상황에서 건전하게 살아가려면 어지간히 단단한 사람이 아니고는 어려울 겁니다. 스포츠형 비즈니스를 줄곧 고수해온 일본의 가전회사들이 잇달아 무너진 것도 이런 연유에서죠. 1947년에 설립되어 경제 발전기에 승승장구하던 산요^{SANYO}가 리먼 브라더스 사태 때 버티지 못하고 결국 2009년 파나소닉의 자회사로 흡수되었어요. 가전제품과 필기구를 만드는 세계적인 기업 샤프 Sharp Corp. 역시 2000년대 후반 이후 경영이 악화되어 2016년 대만의 폭스콘에 인수되면서 몰락했고요. 그렇게 된 이유는 시장이 글로벌해지면서 자국 시장에서 살아남을 수 있는 스포츠형 비즈니스가 점점 줄어들었기 때문이라고 생각할 수 있습니다.

이제 우리는 선택을 해야 합니다. 스포츠형 비즈니스의 테두리 안에서 다람쥐처럼 쳇바퀴를 돌릴 것인가? 아니면 스토리가 전략이 되는 예술형 비즈니스로 포지셔닝해서 경합을 피하고 각각의 영역에서 공존할 수 있는 세계로 갈 것인가? 이것이 우리가 마주해야 할 과제라고 생각합니다.

●● 독보적 우위는 독보적 전략에서 나온다

구스노키　종전 후 경제 고도성장기에 눈부신 발전을 이룬 일본 기업들은 스포츠형 경쟁 분야에서 성장해 성공을 거머쥐었지만, 그것은 당시의 경제적인 상황에 기인한 결과물이었습니다. 일본도 고도성장기라 불리는 1955년부터 1973년까지의 기간 동안 실질 경제성장률이 9.1퍼센트까지 올라가기도 했어요. 그런데 같은 기간에 미국은 3퍼센트 안팎, 유럽 주요 국가는 5~6퍼센트였던 것을 감안한다면 경이로운 것이었습니다. 이런 시기에는 설비투자와 소비 및 수출이 크게 성장합니다. 앞다투어 신제품·신기술을 개발하느라 경쟁하고, 투자가 다른 투자를 부르는 투자 도미노 현상도 일어났습니다. 이런 면에서 고도성장기는 기본적으로 스포츠 그라운드와 비슷한 경쟁적인 환경을 가지고 있다고 볼 수 있습니다.

최근 중국의 인터넷서비스 전문업체인 텐센트 그룹은 큰 자본을 투입해 다양한 회사들을 사들여서 거대한 공룡이 돼가고 있습니다. 이와 함께 소비자(B2C) 중심에서 기업 고객(B2B) 중심으로 사업 구조를 재편하고 있습니다. 각국의 경제 발흥기에 문어발식 거대 기업 그룹과 재벌이 나온 것과 마찬가지 상황이죠. 얼마 전 텐센트 그룹의 계열사 경영자들을 만나 대화를 나누어보니 이미 모두가 훨훨 나는 스포츠 선수더군요. 회사의 총액이 얼마인지, 전년 대비 업계 순위가 얼마나 상승했는지, 생산성을 얼마나 향상시켰는지, 그런 얘기 일색이었습니다. 정말로 공격적이더군요.

고도성장기에 놓여 있다면 어느 국가나 지역, 문화를 막론하고 비슷할 거라고 생각합니다. 하지만 경제나 시장의 메커니즘에는 성장이라는 변수가 내재적으로 존재하기에 어떤 경제든 성숙기를 맞이합니다. 고도성장기는 인간으로 말하면 청춘기와 같은 특수한 시기였다면, 성숙기인 현재가 정상 상태라고 보는 것이 맞습니다.

고도성장기의 기업은 마치 대형 범선과 같습니다. 환경이라는 순풍이 불고 있어서 범선은 큰 돛대를 올리기만 하면 기세 좋게 앞으로 나아갑니다. 다만 모두 같은 방향으로 가는 거죠. 그래서 어느 배가 크다느니 누가 일등이라느니 하며 스포츠형 사고가 되는 겁니다. 오늘날 저성장 뉴노멀 시대에 필요로 하는 기업은, 범선이 아니라 크루저예요. 선체는 그렇게 크지 않더라도 배 안에 반드시 원동기가 있어야 합니다. 게다가 선장이 어느 방향으로 갈 것인지를 스스로 결정하는 게 중요합니다. 따라서 각자 다른 방향으로 나아가야 합니다.

결국 경영 능력과 전략이 정말로 중요한 시대가 된 것입니다. 경기가 점점 하락 추세라는 등 이런 저런 불평불만을 하기 전에 사회와 고객에게 없어서는 안 될 독자적인 가치를 창출할 비즈니스를 만들어야 하는 거죠. 유럽은 이런 면에서 훨씬 성숙한 경제를 일군 선진국이라고 할 수 있습니다. 고도성장기 체질을 버리고 독자적인 비즈니스를 해나가고 있는 독일이나 스위스의 뛰어난 기업에서 배울 점이 많다고 생각합니다.

야마구치 스포츠형 기업들은 줄다리기 게임을 전 직원이 한꺼번에 합니다. 동일한 규범을 갖고 일정한 신호에 따라 움직여 질 좋은 결과물을 만들 수 있다는 장점은 분명 있을 겁니다. 그런 의미에서 보면 고도성장기에는 동질성 높은 조직이나 사회가 스포츠형 비즈니스에 잘 맞았다는 이야기가 됩니다. 만일 모두 보조를 맞춰 실행해야 할 때인데 창조적으로 문제를 해결해나가는 다양성을 추구한다면 마이너스로 작용하기 쉽습니다. 그러니 다양성보다는 동일성이 고도성장기 비즈니스에는 잘 맞겠죠.

하지만 산 정상은 굉장히 좁습니다. 어떤 경제도 고도성장기만 구가할 수는 없을 거고요. 그러므로 경제가 성숙해지고 성장률이 안정세를 찾아갈수록 스포츠형 비즈니스가 차지하는 비율은 줄어든다고 봐야 합니다.

●● 기술과 지식 너머
일의 세계

야마구치 감각 및 기술과 관련해 인사 분야에서는 매우 유명한 이야기가 있는데요, 바로 '역량^{competence}'이라는 개념입니다. 역량 중심의 사고방식이 등장한 배경을 설명하자면 이렇습니다.

미국 국무부에서는 외교관을 선발할 때 '선발 기준'을 두고 무척 고민한다고 합니다. 처음에는 예일대학, 하버드대학, 스탠퍼드대학 같은 명문 대학 출신에 외국어도 두 개 이상 가능하고, 행정과 문화에 대한 지식도 충분히 갖춘 데다 협상 능력도 높은 수준이어야 하는 등 정말로 업무 기술이 탁월한 인재를 가려 뽑았습니다.

미국은 대개 외교관을 뽑으면 우선 개발도상국으로 파견합니다. 그러면 처음 2~3년 동안 미국과의 관계를 원만하게 만들고 본인도 즐겁게 지내다가 돌아오는 사람이 있는가 하면, 강제 출국에 가까울 만큼 극단적인 형태로 실패하고 돌아오는 사람도 있습니다. 국무부가 고민한 것은 대학 시절의 성적이나 어학 능력, 연수

역량의 빙산 모델. 데이비드 맥클리랜드는 사람의 행동에 영향을 미치는 요소를 기술, 지식, 사회적 역할, 자기 이미지, 특성, 동기 등 6가지로 보고, 각각의 개별 요소가 중요한 것이 아니라 6가지 요소가 상호작용하여 만들어지는 종합적인 내적 속성이 중요하다고 강조하며 이를 '역량'이라고 정의했다.

등의 평점과 외교관으로서의 현실적인 성과 사이에는 통계적인 상관관계가 전혀 없다는 사실이었죠.

그래서 국무부 담당자가 당시 하버드대학 행동심리학 연구소장에게 도움을 청했다고 합니다. 동기에 관한 연구로 유명한 데이비드 맥클리랜드David McClelland라는 인물입니다. 맥클리랜드 교수는 새로운 인재 선발 체제를 고안해달라는 부탁을 받고 여러 가지 자료를 조사했습니다. 통계를 내본 결과 외교관으로서의 성과는 기술이나 지식과 전혀 상관관계가 없다는 사실이 밝혀진 거죠. 기술이나 지식은 필요조건일 수는 있지만 충분조건은 아니었던 겁니다. 그 연구를 통해 성공한 외교관들이 공통적으로 보이는 행동과 사물에 대한 사고방식에는 대개 세 가지 유형이 있음을 알게 되었습니다.

첫째, 성공한 외교관은 피부색이 다르거나 문화나 종교가 다른 사람이라 해도 상대가 지금 무얼 걱정하고 있는지, 왜 화가 난 건지 등 감정을 감지하는 대인 감수성이 매우 뛰어난 유형입니다.

둘째, 매우 수평적이고 건설적인 인간관계를 구축할 수 있다는 신념을 가진 사고 유형입니다. 그들은 '저 녀석은 어차피 바보니까'라든가 '이상한 종교를 믿고 있는 열등한 인종이니까'와 같은 생각을 전혀 하지 않습니다. 충돌이나 대립 상황이 있더라도 결국에는 신뢰관계를 맺을 수 있죠. 근원적으로 인간에 대한 신뢰를 갖고 있습니다.

셋째, 정치적인 역학에 대한 날카로운 안목을 지닌 유형입니다. 기업이든 행정 조직이든 마찬가지인데, 조직 내 상부에 있는 사람이 반드시 실제의 권력자거나 의사결정의 핵심 인물인 것은 아닙니다. 조정자fixer 역할을 하는 경우도 있죠. 안건마다 중심인물이 항상 있게 마련인데 성공한 외교관에게는 그런 구도를 꿰뚫어 보는 안목이 있음을 맥클리랜드 교수는 지적했습니다.

그러니까 외교관으로서 성공하는 이들은 대개 이 세 가지 조건이 갖추어져 있다는 것인데요, 이건 퍼스낼리티personality도 아니고 학벌이나 업무 기술도 아닙니다. 이 아리송한 개념을 일단 '역량'이라고 부른 것이 이 개념의 발단이 되었습니다. 이를 제창한 맥클리랜드 교수는 모험심이 강한 사람이었기에 회사를 만들고 나서 기업에서도 같은 일이 가능하지 않을까 생각했다고 합니다. 그렇게 실행한 것이 오늘날 인사 제도에서 역량의 일반화로 이어지는 발단이 된 것이죠.

정리해보자면, 미국 국무부가 최초로 인재 선발 기준으로 적용한 것은 기술과 지식이었어요. 어학 능력과 행정 지식은 물론 협상 능력도 배워 익혔지만 그런 능력은 실제의 성과로 이어지지 않았다는 이야기입니다. 성격 특성 역시 큰 영향을 미치지 않았고요. 무언가 그 사이에 가로놓인 미묘한 영역이 중요하게 작용했던 겁니다. 그것을 '감각'이라고 이름 붙이느냐 아니냐는 나중 문제입니다. 중요한 것은 인재의 역량을 기술이나 과학만으로는 측정할 수 없다는 것을 알게 되었다는 점입니다.

일을 잘한다는 것은
무엇인가

BALANCE:
일의 기술과 감각, 균형을 맞추다

●● 제로가 아니라
플러스를 원한다

야마구치 앞서 과학과 기술, 노력이 중시돼온 고도성장기를 지나 저성장의
성숙한 경제 시대에 진입하면서 예술과 감각, 개성과 다양성의
중요성이 더 커지고 있다는 시대의 변화에 대해 이야기를 나눴
습니다. 배타적인 경쟁의 시대가 평화로운 취향의 시대를 열어준
것이죠.

구스노키 일의 세계에서 기술에 비해 감각의 중요성이 저평가돼왔다는 점
을 강조했습니다만, 그렇다고 기술이 필요 없다고 오해해서는 안
됩니다. 기술은 일을 잘하는 데 있어서 필수적인 요소입니다. 하
지만 최고의 성과를 내려면 기술만으로는 부족하다는 얘기죠. 미

국의 영화배우이자 감독인 클린트 이스트우드가 참 멋진 말을 했어요. 솜씨 좋은 바텐더가 만든 칵테일은 예술에 가까워서 그 바텐더를 찾지 않을 수 없다고요. 저는 이스트우드의 이 인터뷰에서 일을 잘한다는 것은 '그 사람이 아니면 안 된다'라든가 '다른 사람으로 대체할 수 없다'는 의미로 받아들였습니다. '아, 이 사람이 왔으니 이제 문제없어' 하는 느낌, 이런 수준으로 일을 잘한다는 이야기입니다.

어린 시절을 떠올려보면 게임이나 운동 경기에서 팀을 나눌 때 '이 친구가 우리 팀이니 걱정 없어'라든지 '저 아이와 같은 팀에 들어가고 싶다'는 마음이 드는 경우가 있잖아요. 그런 마음이 들게 하는 사람, 그런 사람이 바로 일을 잘하는 사람입니다.

기술을 쌓는 것만으로 일을 잘하게 될까요? 물론 잘하게 되기는 하겠지만 그 특정한 기술이 대응하는 일을 맡았을 때에만 해당하는 이야기일 뿐 반드시 일을 잘한다고 볼 수는 없습니다. 제 생각으로는 일을 잘한다는 건 어떤 상황이든 다른 사람들이 의지할 만하다는 뜻이 아닐까 싶어요. 꼭 집어서 "이 사람이라면 좋겠어요" 또는 "이 사람이 아니면 안 되겠어요" 하고 말하는 거죠. 이 사람이라면 문제없다며 믿음이 가고, 어떡하든지 꼭 필요하다고 여겨지는 사람. 그런 사람이 일을 잘하는 사람입니다.

단순한 업무 기술만 탁월한 사람은 여기에 속한다고 보기 어렵습니다. 기술이 뛰어난 사람은 많거든요. '이걸 할 수 있다, 저걸 할 수 있다' 그 정도로는 부족합니다. 그 일을 할 수 있는 사람이나 대신할 사람은 얼마든지 있으니까요. 기술이 탁월한 사람은 마이너스(-)가 아닌 정도지 제로(0)에 가깝지 않을까요? 일 잘하는 사람은 플러스(+)를 만들어가는 사람이고, 플러스를 만드는 능력은 일하는 사람의 감각과 밀접하게 연관되어 있습니다.

기술만 갖고 일하는 사람들은 중간 지점까지는 비교적 순조롭게 해낼 수 있습니다. 하지만 도중에 단단한 벽에 부딪힙니다. 그동안 그랬던 것처럼 기술로 돌파할 수 있다고 자신할 테고 그 믿음이 그가 기술을 더욱더 익히려고 노력하는 이유이기도 하죠. 하지만 언젠가 어떤 상황에 부딪혀 '이렇게 노력했는데 왜 안 되는 거지?' 하는 상황이 벌어지게 될 겁니다.

야마구치 저도 자주 하는 말입니다만, 평균점에 돈을 지불하는 사람은 없다는 말과 같은 뜻이라고 생각합니다. 노동시장에서 돈이 지불되는 것은 '뛰어난 강점'에 한해서니까요. 평균점을 획득하는 것만으로는 승산이 없는 것이죠. 나만이 가진 매력과 강점, 나만이 할 수 있는 것이 있어야 합니다.

음식점에 비유해보죠. 중국요리를 만드는 기술을 익혀서 메뉴를 만들 줄 알게 되었다고 합시다. 이제 손님이 올까요? 쉽게 오지 않겠죠. 적어도 당장 단골이 생기지는 않습니다. 단골손님이 생기고 계속해서 번창하는 가게는 그 가게만의 뛰어난 특징, 분명 다른 가게가 대체할 수 없는 개성을 갖고 있을 겁니다. 따라 하려고 해도 좀처럼 따라 할 수 없을뿐더러 역시 말로 쉽게 표현할 수 없기에 강점인 것이고요.

　요리학교에서 기술을 습득해서 파스타도 만들고 만두도 만들고 이것저것 다 만드는 정체성 모를 레스토랑이 있다고 합시다. 물론 어느 메뉴나 다 그럭저럭 아주 나쁘지는 않지만 또 그다지 맛있지도 않습니다. 아마 대부분의 사람들은 그 음식점에 가지 않을 겁니다. 더 맛있고 개성 있는 곳을 두고 굳이 거기 갈 이유가 없으니까요.

구스노키　만두를 만들 줄 안다는 이유로 누군가 선택된다면 아마도 일손이 부족할 때일 겁니다. 그 분야의 인력이 부족한 상태에서는 기술이 효력을 발휘하죠. 갑자기 만두가 트렌드가 되어서 사람들이 너나할것없이 매일 만두를 찾는 바람에 만두를 만들 수 있는 사람 수가 수요에 비해 확연히 부족해진다면 만두를 만드는 기술은 엄청난 가치가 있는 것처럼 보이겠죠. 오늘날의 프로그래밍처럼 어느 시대에나 '시대가 요구하는 기술'은 반드시 존재하게 마련입니다. 그런 한때의 기술은 만두 수요가 비정상적으로 늘어나는 상황과 같습니다. 따라서 '이제는 나도 만두 만드는 법을 배워야지' 하고 너도 나도 만두 만드는 기술에 주목하게 되죠.

　그런데 인생은 깁니다. 만두 수요가 늘어나면 만두 만드는 기술을 지닌 사람들도 그만큼 많아질 거고, 그중 더 맛있는 만두가 더 잘 팔리겠죠. 그러면 평균점에 돈을 지불하는 사람은 없어지고 말겁니다.

●● 불확실성의 두려움,
감각의 예민함으로 돌파하라

구스노키 커리어를 잘 쌓고자 한다면 누구나 갖고 있는 기술에 주목하기보
다는 자신만의 감각을 연마해나가는 것이 필요합니다. 감각의 중
요성은 일해본 사람이라면 다들 느끼는 것입니다. 하지만 감각을
받아들이는 데 문제점이 있습니다. 프로이트의 개념으로 말하자
면, '감각의 사후성事後性' 때문이죠. 사후성이란 당시에는 이해하지
못했던 것을 나중에 회상하며 새롭게 해석해 의미를 만들어내는
현상을 말합니다. 이것이 장벽을 높이는 것이죠.

야마구치 지금 사용되는 비용이 미래에 어떤 효과로 나타날지 지금으로선
판별할 수 없다는 뜻이지요?

구스노키 그렇습니다. 사전에는 목적과 수단의 인과관계를 명확히 알 수 없
어요. 나중에서야 뒤돌아보고 예전에 어떤 일을 했고, 여러 가지
일이 있었기에 지금 나의 감각이나 행동양식이 형성된 거라는 걸
비로소 알게 되는 겁니다. 그래서 감각이 중요하다고 느껴도 쉽게
받아들이지 못하는 것이죠.

야마구치 독일의 철학자 라이프니츠는 '예정조화preestablished harmony'라는 개념
을 제시한 적이 있습니다. 우주의 모든 존재는 '미리 정해진 조화'

대로 창조되었으며, 이에 따라 인간의 몸과 마음, 모든 행위와 주변 사물들이 정해진 대로 긴밀한 상호작용을 한다는 개념이지요. 하지만 감각이 일에서 발휘될 때에는 항상 이 개념을 위배하는 것 같습니다. 오히려 사후성이 발현되는 분야가 일이 아닌가 싶어요. 과거의 위대한 혁신 사례 중에서도 본래 의도와 완전히 다른 결과에 도달한 경우가 많으니까요.

구스노키 맞습니다. 인간에게 사후성을 극복한다는 건 영원한 과제입니다. 독서만 해도 그래요. 옛날부터 사람이 책을 읽는 이유는 효과적으로 광범위한 경험을 할 수 있기 때문입니다. 독서는 사후성의 극복 수단으로서 매우 훌륭합니다. 다양한 사람이 갖가지 경험을 하고 그 가운데 특히 의미 있는 경험을 골라 책으로 만드니까요. 오늘 먹은 점심 메뉴처럼 아무 의미도 없는 경험을 굳이 책으로 써서 남기지는 않죠. 자신이 직접 경험하지 않아도 과거의 뛰어난 사람들의 귀중한 경험을 통해 공감하고 감탄하면서 깨달음을 얻는다는 데 독서의 가치가 있습니다.

사후성이란 다루기 까다로운 개념이지만 막연하게라도 사후성 극복이 중요하다는 걸 인식하는 것은 무척 중요합니다. 이런 생각이 없으면 '비결은 세 가지' 식의 이야기만 넘쳐날 테니까요.

야마구치 손쉽고 빠른 해답만 원하는 최근의 분위기를 말씀하시는 거군요.

구스노키 요즘엔 문장이 너무 길다거나 혹은 스마트폰으로 읽기 쉽게 요점을 정리해 달라는 요청이 유독 많은데, 이 현상의 근원에 사후성의 문제가 자리하고 있어요. 논리 정연한 긴 글을 읽은 후에 무엇을 얻을 수 있는지를 사전에는 모르니까요.

　양서를 읽는 것은 사후성을 극복하는 데 효과가 큽니다. 독서 자체가 사후성이 높은 행위이고요. 독서가 습관이 된 사람에게는 이만큼 가성비가 높은 지적 활동이 없지만 그 또한 사후에 비로소 알게 되는 겁니다. 책을 읽는 일 자체에 어려움을 느끼는 사람은 독서의 효용을 체감하지 못합니다. 그래서 점점 더 책을 읽지 않게 되죠. 사후성의 딜레마에서 악순환이 생겨납니다. 이를 극복하기 위해서는 우선 읽어보는 수밖에 없습니다.

야마구치 사후성의 관점에서 보면 노력도 마찬가지입니다. 노력해서 어떤 일을 해내야만 훗날 산출될 경제적 이익이 발생하므로, 노력의 결과 또한 마찬가지로 사후적입니다. 어떤 사업의 가치를 판단하기 위해 쓰는 순현재가치$^{\text{NPV, Net Present Value}}$라는 개념이 있습니다. 이때에도 얼마나 큰 노력을 필요로 하는가 하는 점도 반드시 고려해야 하는데, 여기서 문제는 노력이 사후적이라는 것이겠지요. 제가 강조하려는 것은 아무리 명확한 기술적 개념을 찾아내려 해도 감각처럼 사후적인 개념을 배제할 수 없다는 것입니다.

구스노키 맞습니다. 노력을 많이 쏟는다고 항상 큰 성과와 결과가 나는 것도 아니죠. 만일 엄청난 양의 노력을 해야겠지만 큰 성과가 난다는 인과관계를 사전에 알 수 있다면, 일하는 많은 사람들이 노력하고 오랜 시간 견뎌낼 것입니다. 하지만 사후성이란 그런 인과관계를 사전에 알 수 없다는 뜻이므로 노력의 결과 또한 사전에 알 수 없습니다. 그래서 괴롭고 불안한 것이겠죠. 이렇게 노력했는데 돌아오는 게 없으면 어쩌나, 혹은 노력이 부족해서 원하는 걸 얻지 못하면 어쩌나 하는 불안이 생기는 거죠. 사후성의 어려움이 여기에 있습니다.

야마구치   그렇습니다. 이익의 불확실성^{volatility}이 너무 크면 노력의 총량 자체보다도 그 불확실성 때문에 괴롭고 힘들죠.

구스노키   맞습니다. 과거의 사법고시처럼 난이도가 높은 시험에 응시하는 수험생들도 합격이라는 확실한 목표를 가지면 엄청난 양의 노력을 할 수 있었던 것처럼 말이죠.

●●   르상티망을 부르는 경쟁에서 탈피하라

구스노키   모두가 일 잘하는 사람이 되고 싶어서 정보와 지식을 습득하기 위해 노력하는 데도 결과가 신통치 않은 이유는 무엇일까요? '왜 일을 잘하는 사람이 드문 걸까'라는 이 책의 출발점으로 돌아가볼까요?

야마구치   지금 되돌아보면 저도 광고회사 덴쓰에서 일하던 시절에 정말 일
을 못했습니다.

구스노키   저도 사회 초년생 때는 '난 왜 이렇게 일을 못하는 걸까'라는 생각
을 자주 했어요.

야마구치   격투기에서 상대를 올라타고 짓누르는 마운팅mounting이라는 동작
이 있잖아요? 제 생각에는 일 잘하는 사람이 일 못하는 사람을 깔
고 누르는 상황이 격투기에서 마운팅 동작과 비슷한 것 같습니다.
이런 마운팅 상황이 여러 곳에서 일어나면서, 상대적으로 일 못하
는 사람이 강한 울분을 품게 됩니다. 상대적 약자가 강자에게 품
는 질투, 원한, 증오, 열등감, 시기심 등이 뒤섞인 감정을 르상티망
ressentiment이라고 하는데요, 이런 르상티망이 생기는 것이죠. 그런데
저는 이런 르상티망이 생기면 그때야말로 큰 비즈니스 기회가 찾
아온다고 생각합니다.

야마구치   제가 다니던 보스턴컨설팅에서는 프로젝트 기획안을 두고 고객의
마음을 사로잡을 수 있을 것인지 서로 냉철하게 비판하면서 조언
하곤 했습니다. '옳다/그르다'의 기준이 아니라 고객에게 '잘 통할
지' 아닐지를 가늠하는 시각과 마음에 '와 닿는지' 아닌지를 판단

하는 관점에서 솔직한 의견을 주고받았어요.

하지만 그런 보스턴컨설팅에서도 마지막에는 철저하게 기술로 평가합니다. 프레젠테이션 능력이나 파워포인트 작성 능력 또는 분석력을 중점으로 평가합니다. 단계마다 기준을 정해서 기술이 어느 정도 수준에 도달하면 매니저나 파트너로 승급이 됩니다. 그렇게 파트너 자리에 오르면 영업력이나 고객 관련 네트워크 구축 능력을 평가받게 되고요. 그렇게 요소를 분해해서 전부 기술로 규정합니다.

개인마다 취약한 부분을 찾아낸다고 해서 그 부분을 보완할 기회를 얻는다거나, 취약한 부분의 수준을 높여 일을 잘하게 되는 건 아닙니다. 속임수인 거죠. 실적이 나쁜 사람을 내치기 위한 일종의 명분 찾기 목적도 있어서 그걸로 끝이라는 의미가 되는 겁니다.

구스노키 기술 측면에서의 경쟁은 '희소자원 쟁탈형'입니다. 전형적인 예는 앞으로 살아남을 직업인가, AI(인공지능)의 등장으로 인해 사라질 직업인가 하는 그런 이야기입니다. 일종의 '의자 뺏기 놀이' 같은 거예요. 어떤 직업이라는 희소 자원이 있고 그것을 쟁탈하는 상태인 거죠.

스포츠로 말하면 세상에 단 하나밖에 없는 금메달을 4년에 한 번 열리는 올림픽에서 누가 획득하느냐 하는 것입니다. 전형적인 희소자원 쟁탈 형태의 경쟁입니다. 차기 사장은 누가 되느냐 하는 것도 마찬가지고요.

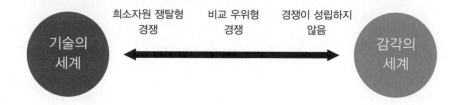

기술과 감각은 경쟁 형태에도 차이가 있다. 기술의 세계에서 '의자 뺏기 놀이'처럼 한정된 자리를 차지하기 위한 경쟁이 이루어진다면, 감각의 세계에서는 경쟁이 성립하지 않는다.

이와는 별개로 '비교 우위형 경쟁'이 있습니다. 아이들이 들판에서 달리기를 할 때는 상금이나 금메달 같은 게 주어지지 않는데도 마구 달려 나가죠. 이는 비교의 경쟁입니다. 동기가 자발적이에요.

이 두 가지 경쟁은 각각 의미가 조금씩 다릅니다. 왼쪽 끝에 희소자원의 배분으로서의 경쟁이 있고 한가운데에 비교의 경쟁이 있으며, 반대쪽 끝에 애초에 경쟁이 성립하지 않는 그런 세계가 있습니다. 이 축의 왼쪽으로 갈수록 기술의 세계가 되고, 오른쪽으로 갈수록 감각의 세계가 되는 겁니다.

감각은 천차만별이어서 비교의 경쟁도 성립하지 않아요. 굳이 말하자면 과거의 자신과 비교 경쟁이 된다고 할 수 있죠. 즉 스스로 단련해나가는 수밖에 없습니다. 시행착오를 겪으면서 자신이 추구하고자 하는 자리를 정하고 거기서 스스로 독자적인 감각을 깊이 구축하는 수밖에 없습니다.

잠재력을 발견하고
승부처를 찾아라

야마구치 　육상 400미터 허들 종목의 다메스에 다이[爲末大] 선수가 '노력하면
성공한다는 말은 틀렸다'는 자신의 소신을 밝혔다가 심하게 비난
받은 적이 있습니다. 그가 말하기로는 일본 프로야구에 1군 등록
선수가 300명 이상 있고 모두 프로로서 살아간다고 합니다. 즉 야
구의 경우는 일본 내에서 상위 300명에 들어가면 프로 선수로 먹
고살 수 있다는 거죠. 반면 육상경기의 경우 가령 100미터 달리기
나 400미터 허들 경기는 어떨까요? 일본 내에서 250위 안에 든다
고 해도 큰 의미가 없습니다. 그 순위로는 예선조차 나갈 수 없으
니까요. 그런 종목에서 먹고살려면 전 세계에서 10위 안에는 들어
야 합니다.

　그래서 허들 경기는 분명히 희소 자원 배분으로서의 경쟁 세계
입니다. 반면 프로야구는 일본에서만도 2군 선수까지 합치면 아
마 800명 정도는 먹고살 수 있는 상태죠. 다메스에 선수의 이야기
가 '자신이 추구하는 자리'라는 관점에서 생각했을 때 흥미롭게 느
껴졌어요. 다메스에 선수는 원래 100미터 달리기를 했지만 그 종
목으로는 먹고살 수 없어서 허들로 종목을 바꾼 거예요. 허들 종
목으로 세계육상대회에서 메달을 획득하고 일본 대표로 올림픽에
도 출전하게 된 것이죠. 이 역시도 경쟁 속에서의 '자신의 자리'에
관한 이야기입니다.

구스노키　다메스에 선수와 이야기를 해보면 스포츠 세계에 있다고 해서 무
조건 모든 사람이 스포츠형인 건 아니더군요. 가치 기준을 기록이
나 상대와의 승부에 두지 않고 자신의 내면에 품고 있으려는 면이
있습니다.

야마구치　주어진 경기나 규칙 안에서 오로지 노력만 하는 게 아니라 자신에
게 유리한 경기나 규칙, 또는 이길 수 있는 자리를 찾아가는 겁니
다. 물론 그것이 어렵긴 하지만 그 길을 향해 노력해야 한다는 발
상이죠.

구스노키　어느 축에서 승부할지를 자신이 선택한다는 것이군요.

야마구치　바로 그 점입니다. 그는 허들을 전혀 좋아하지 않습니다. 이게 재
미있는 점인데, 매우 전략적이에요.

구스노키　다메스에 선수는 허들이라는 경기 자체보다도 자신이 갖고 있는
고유한 재능이나 그 재능을 스스로 발견해나가는 과정에 집념이
있더군요. 이건 재능의 한 가지 본질을 꿰뚫고 있는 거라고 생각
합니다. 재능이란 나중에서야 스스로 깨닫는 것이죠. 한마디로 말
해 아까 말한 사후성이 높습니다.
　　사전에 스스로 의도하고 계획해서 익히는 기술에 반해, 감각이
나 재능은 어느 순간에 깨닫게 되는 면이 있습니다. 다메스에 선

수가 말하기를 어린 시절 달리다 보니 개보다 자신이 더 빨랐다고 하더군요. 그래서 '나, 달리기를 잘하는 것 같아' 하는 생각이 들었다는 거예요. 바로 그런 순간처럼요.

야마구치　사람은 재능과 감각을 갖고 있어도 스스로는 '할 줄 아는 게 당연'한 일로 느껴지기 때문에 어떤 계기가 생기지 않는 이상, 그 능력이 다른 사람은 할 수 없는 자신만의 재능이고 특기라는 사실을 좀처럼 알아차리지 못합니다. 그 사람이 잘하고 대단한 점일수록 자신에게는 당연한 일이어서 말로 표현해본 적조차 없을 테니까요.

구스노키　유니클로의 야나이 다다시 회장의 에피소드 중에서 제가 좋아하는 이야기가 있어요. 아버지가 운영하던 양복점을 맡게 되었을 때, 야나이 회장은 창업자 가계의 2세였기에 자신이 하고 싶은 방식대로 하려고 했답니다. 한데 직원들 모두가 반발하고는 예닐곱 명 중에서 한 사람을 남기고 모두 그만뒀다고 합니다. 할 수 없이 혼자서 손님 응대부터 재료 매입, 경리, 직원 채용까지 모든 업무를 다 해야만 했죠. 원래 경영이라는 것은 '담당이 없는' 일이잖아요.

　게다가 '경영자'와 '실무자'의 차이가 있죠. 사업의 전 과정 업무를 다 알아야 하는 경영자의 일을 어쩔 수 없이 하게 되었고 직접 해보니 점점 매출이 오르더랍니다. 그래서 비로소 자신이 경영에 잘 맞는다는 사실을 알게 되었다고 합니다. 그때까지는 장사가 싫었기에 그저 자신과는 맞지 않는 일이라고 단정했던 모양입니다.

그런 의미에서 일하는 감각이란 사전에 계획하기는커녕 자기 인식이나 자기 평가조차 불가능한 면이 있습니다.

야마구치 그렇죠. 사전에 스스로 생각했던 자신의 강점은 대개 빗나가거든요. 자신도 자신의 강점을 사전에는, 특히 사회 초년생 때에는 좀처럼 깨닫지 못하는 것이 당연합니다. 그런데 사전에 알지 못하는 것은 물론이고 사후에도 알지 못하는 경우가 많아요. 자신의 상황을 객관화해서 분석할 줄 아는 냉철한 시각이 있는 사람만이 자신의 강점을 파악할 수 있거든요.

마찬가지로 '좋아하는 것'과 '잘하는 것'은 또 달라서 무엇을 잘하는지는 역시 해보지 않고서는 알 수가 없습니다. 해본다고 해도 고정관념 때문에 눈앞에서 일어난 현실을 객관화해서 보기가 쉽지 않습니다. 재능이 없다고 생각하던 일을 오히려 더 잘해내는 자신을 보고도 그 사실을 쉽게 인지하지 못하는 것이죠.

구스노키 그래서 결국 자신의 외부에 있는 기준점이 필요한 거죠. 그 기준점이 다메스에 선수에게는 '개'였고 야나이 회장에게는 '매출'이었던 겁니다. 일이 잘되어가는 상황은 결국 시장의 평가나 고객의 평가로 인식하게 되니, 결국 타인의 평가일 수밖에 없습니다.

자신에게 너그러운 것은 인간의 본성입니다. 아무래도 자기 평가에는 냉정하지 못하게 마련입니다. 대체로 자신을 과대평가하게 된다고 생각하는 편이 좋아요. 그런 면에서 자신을 객관화한다는 것은 고객의 입장에서 자신을 보는 일입니다. 일을 잘하는 사람은 항상 이런 객관적인 관점이 자신의 사고와 행동에 깃들어 있어요. 상대가 무얼 해줬을 때 기뻤었는지를 생각해보고 자신도 타인에게 똑같이 하려고 합니다. 최악인 경우는 자기도취에 빠진 사람입니다. 자신을 전혀 객관적으로 판단할 줄 모르니까요.

CLASS:
전문가와 경영자, 무기를 바꾸다

●● 남다른 클래스는
    예술적 감각이 좌우한다

구스노키 감각이나 예술의 특성을 생각할 때 '자기 혁신'은 말처럼 쉽지 않
습니다. 감각이란 그 사람이 갖고 있는 예술적 자질이나 감성이라
고 할 수 있어요. 그런 예술적인 멋과 운명을 함께하는 것이 진정
한 프로의 모습이 아닐까 싶습니다. 저는 에이씨디씨AC/DC라는 오
스트레일리아의 록밴드를 무척 좋아합니다. 그런데 에이씨디씨는
줄곧 '똑같은 음악'을 한다는 비판을 받았어요.

밴드의 기타리스트 앵거스 영Angus Young이 한 인터뷰에서 이런 질
문을 받은 적이 있었습니다. "에이씨디씨는 같은 앨범을 12장이
나 내는 등 매너리즘에 빠져 있다는 평이 많은데, 어떻게 생각하
시나요?" 이 질문에 그는 "아뇨, 그건 틀린 말입니다. 12장이 아니

라 13장이에요"라고 대답했다고 해요. 저는 이 이야기가 너무 좋아요. 감각이 갖는 비가역적이고 견고한 핵심이 들어 있다고 느꼈거든요.

자신의 예술적인 감각은 자발적이며 시간을 들여 만들어진 것이므로 좀처럼 바꿀 수 없습니다. 상황이 달라졌고 시대에 맞지 않으니 바꾸자고 할 때, 진정한 프로일수록 바꾸지 못하는 게 아닐까 싶습니다. 그런 사람들 중에는 감각과 운명을 같이할 정도로 자기 감각에 깊은 신념을 지닌 사람들이 있을 겁니다. '자기 혁신'은 쉬운 일이 아니에요. 저는 그 사람의 중심에 있는, 다른 사람으로 대체하기 어려운 능력은 그리 간단히 바꿀 수 없을 거라고 생각하거든요.

다만 감각에는 범용성이 있는 반면, 기술은 범위가 좁습니다. 언제나 갖고 다니며 사용할 수 있는 기술이라고는 하지만 그 분야에 맞지 않는 기술은 사용할 수 없죠. 반면에 감각은, 조직은 물론 직위나 직무 영역을 초월해서 어떤 상황에서든 24시간 사용할 수 있고 오히려 범용성이 큽니다. 다양한 영역에 광범위한 영향을 미치는 기술을 범용 기술general purpose technologies이라고 하는데, 감각이야말로 범용 기술이죠. 그 사람이 하는 모든 업무의 버팀목입니다. 하지만 그렇기에 감각의 토대부터 바꾸기란 거의 불가능할 겁니다.

야마구치 그렇죠. 다만 일반적인 업무라고 할 때 직위가 올라가면 업무의 질이 달라지잖아요. 현장에 있을 때는 싱글싱글 웃으며 남들처럼 제대로 따라 하기만 하면 "왠지, 저 친구 괜찮은걸" 하는 소리를 들을 수 있겠지만, 직위가 올라가면 점점 업무의 질이 달라집니다. 전에는 논리로 풀 수 있는 문제만 해결하면 되었는데, 점차 그런 일이 줄어들다가 마침내 사장이 되면 단순명쾌하게 해결할 수 없는 일들이 많아지죠. "A라고도 할 수 있고 B라고도 할 수 있지만, 왠지 B인 것 같아"라는 식으로, 판단에 자신이 없고, 마치 주사위를 던지는 것처럼 되어가는 거죠.

그렇게 생각했을 때, 일을 잘한다는 것도 어떤 의미에서는 막연한 표현일 수 있습니다. 입사해서 3년차까지 일을 잘한다는 것과, 과장이 일을 잘한다는 것, 그리고 부장이 일을 잘한다는 것, 또 임원급이 일을 잘한다는 것은 완전히 구조가 달라지니까요. 비즈니스를 하는 사람이라면 역시 예술적 감각이 달라지지 않는다는 불변의 측면과 동시에, 이제 조금씩 바뀌길 바라는 측면도 있을 것 같습니다.

구스노키   기술을 쌓아서 마이너스에서 제로까지 가면, 그다음에 플러스 영역으로 이끌어가는 감각의 문제가 등장하죠. 이때 커리어의 단계가 달라집니다. 기술이라면 100부터 0까지 순위에 따라 한 줄로 길게 늘어서겠지만 감각은 다릅니다. '이런 감각이 있는 사람', '저런 감각을 발휘하는 사람' 하는 식으로 다양하죠. 따라서 다양한 감각들이 조직 내에서 조화를 이루는 문제가 점점 더 커지겠지요. 전방향적인 감각은 있을 수 없어요. 자신의 예술적 감각이 고정되어 있어 그에 맞는 포지션을 찾아가는 것이 자신의 커리어를 인생의 중간에서부터 새로 만들어나가는 데 기본적인 구도가 되지 않을까요?

●● 스페셜리스트와
제너럴리스트의 갈림길

야마구치   보스턴컨설팅그룹을 거쳐 커리어 전문가이자 저술가로 활동 중인 기타노 유이가의 『천재를 죽이는 보통사람天才を殺す凡人』이란 책에 재미있는 이야기가 나오더군요. 한 개인의 내면에도 천재와 보통사람, 그리고 수재가 있으며, 내면에서도 역시 수재가 천재를 짓누르고 있다고 합니다. 수재는 기술에 의지하려 하고 천재는 감각을 추구하려 합니다. 하지만 막상 자신의 천재성을 믿자니 두려움이 생겨납니다. 상사에게 내쳐질지 모른다는 걱정도 들고, 주위로부터 인정받지 못할 수도 있다는 불안이 엄습하죠. 그래서 결국 머릿속에서도 천재가 수재에게 진다는 이야기입니다.

구스노키   일하는 사람들 모두가 갖는 내면의 갈등이군요. 수재를 따라가다가 결국 내면의 천재에게 회귀해가는, 시행착오 과정을 겪는 사람이 꽤 많지 않을까요?

야마구치   그렇습니다. 이 시대 최고의 리더십 구루로 불리는 인도의 램 차 란^{Ram Charan}은 금융위기와 세계적인 경기하강 시대에 리더십이 봉 착한 문제들을 해결하는 데 힘써오고 있습니다. 그가 줄곧 주장하 는 내용은 아주 단순합니다. '커리어란 도중에 완전히 종목이 바뀐 다.' 현장에서 일할 때는 주어진 문제를 해결하기만 해도 우수하다 는 말을 듣습니다. 과장 정도 되면 문제를 어느 수준으로 정리할 수 있으면 우수하다고 평가받고요. 그렇게 문제를 해결하는 업무 에서 문제를 만드는 업무로 단계 수준이 높아지는 겁니다. 기업의 직급 체계로 말하자면, 부장에서 본부장급으로 올라가는 바로 그 지점에서 심각한 커리어의 단절이 생깁니다.

구스노키   그거야말로 기술과 감각의 단절이죠.

야마구치   그렇습니다. 낮은 직위에서는 비교적 업무 기술이 효력을 발휘합 니다. 상사가 처리하라고 지시한 일을 기일에 맞춰 수행하면 되니 까요. 다만, 그런 식으로 해서 일을 잘한다는 평가를 받는 것은 기 껏해야 과장급까지입니다. 관리 임원직으로 직위가 올라가면 업 무에 우선순위를 매겨 자원을 배분해야 하는데, 이 우선순위를 정 할 때 그 사람이 일하는 감각이 통째로 드러나게 됩니다. 이 경우 문제가 되는 것이 선별 심사^{screening}의 순서입니다. 많은 경우 우선 기술이 있는 사람이 관리 임원으로 승진하고, 그 가운데서 감각이 있는 사람을 선발하는 것이 기본 체제입니다. 과연 이 인사 시스템이 옳을까요?

제너럴일렉트릭^{GE}의 최고경영자를 역임한 잭 웰치^{Jack Welch}는 30대에 임원 자리에 올랐습니다. 대학을 졸업하고 10여 년 만에 경영자가 된 것이죠. 처음부터 웰치의 경영 감각은 인상적으로 평가되었던 겁니다. 그리고 그의 감각을 판별하거나 단련시키기 위해 상당히 젊은 시기부터 경영직에 앉혀봤던 겁니다. 실무자의 업무는 일하는 기술로도 어떻게든 수행할 수 있지만, 경영을 하게 되면 일하는 감각이 표면으로 다 드러나기 때문에 확인과 동시에 단련이 되는 거죠.

구스노키 당시 GE는 감각 있는 사람을 판별하고 단련시키는 능력이 굉장히 뛰어났어요. GE의 경영 간부들을 지켜보면서, GE가 감각을 중요시할 뿐 아니라 감각을 길러서 조직을 만들어가는 일에 분별을 잃을 정도로 빠져 있는 회사라는 인상을 받았습니다.

야마구치 대부분 기업들의 인재 육성을 생각해볼 때 결여되어 있는 것이 바로 '감각'에 대한 인식이에요. 기술이 있으면 대체로 좋은 성과를 내긴 합니다. 하지만 감각 면에서의 가능성이 불확실한 사람을 그냥 실적이 좋다는 이유로 승진시키면 결국 본인에게도 조직에게도 불행한 일이 일어납니다.

지금은 실적이 좋지만 경영자로서는 가능성이 적은 사람과 실적도 좋은 데다 경영자로서도 큰 가능성을 지닌 사람을 구분하는 방법은 상당히 큰 수요가 있습니다. 현실적으로 말하자면, 컨설팅 비즈니스의 콘셉트로서는 무척이나 매력적입니다.

구스노키 그렇죠. 직급이 올라갈수록 감각이 커리어의 무기가 되리란 점은 전 세계 어디에서나 마찬가지일 겁니다. 특정한 기술을 지닌 뛰어난 '스페셜리스트specialist'는 수재로서 일을 잘 완수하게 하고, 그 사람대로 자신의 기술을 무기 삼아 행복하게 살 수 있어야 합니다. 또 감각을 발휘해서 자신이 결정한 방향으로 조직 전체를 이끌어나가는 '제너럴리스트generalist'에게는 경영자의 길을 제시할 수 있어야 합니다. 이 점이 뒤죽박죽 된 데에서 여러 가지 불행이 야기된다는 것이 제 견해입니다.

요즘에는 제너럴리스트라고 하면 전문성이 없는 사람처럼 그 역량을 축소시켜 보는 경향이 있지만, 본래 '제너럴'은 총괄자, 한마디로 수장이죠. 조직 전체를 지휘하고 결과에 책임을 지는 사람입니다. 비즈니스의 제너럴리스트라면 '돈을 버는' 데 책임이 있는 것이고, 이 일은 한마디로 규정할 수 없습니다. 날마다 업무의 일거수일투족이 최종적인 성과로 이어지니까요.

반면에 기술이 뛰어난 스페셜리스트의 업무는 분명하게 정의되어 있어요. 입구와 출구가 정해져 있는 길을 제대로만 가도 잘해냈다고 평가받을 수 있습니다. 원래부터 조직 전체의 최종 성과에 대해서 아무런 책임이 없는 것이죠.

분석의 함정을 피해
문제를 대면하다

구스노키 톨스토이의 소설 『안나 카레니나』의 서두에 '행복한 가정은 어느
집이나 비슷비슷한 모습이지만, 불행한 가정은 저마다 다른 불행
을 안고 있다'는 말이 나옵니다. 감각이란 그 반대라고 생각합니
다. 감각이 있는 사람은 천차만별이지만 감각이 없는 사람은 모두
똑같이 감각이 없습니다. 따라서 감각이 없는 사람 쪽이 특징을
설명하기 쉽습니다.

　일을 잘하지 못하는 사람이 어떤 사람인지를 생각해봅시다. 먼
저 '즉각 분석하고 싶어 하는 사람'입니다. 그런 사람들은 사업 전
략을 생각해보자는 말이 떨어지기 무섭게 바로 조사를 시작하고
분석으로 돌진하죠. 오로지 강점과 약점, 기회와 위협 네 가지만
생각하는 SWOT 분석의 틀에 맞추려 들어요. 이런 식으로 일하는
사람을 저는 '스와터^{Swotter}'라고 부릅니다. 큰 회사에는 경영기획부
나 그에 상응하는 부서가 자주 스와터의 소굴이 됩니다. 그들에게
"그런 거 해봐야 뛰어난 전략은 절대 나오지 않을뿐더러 도저히
조직을 움직일 수 없어요"라고 말해도 소용없습니다. 그들 대부분
은 이미 그런 것쯤은 다 알고 있다는 태도를 취해요.

　템플릿이 정해져 있는 분석 조사라는 '작업'은 엄청난 흡인력을
갖고 있습니다. 일은 잘하지 못해도 일단 작업은 할 수 있고, 사람
들에게 보여줄 자료로서의 성과를 내는 것이 가능하기 때문입니

다. 이런 '작업의 유혹'은 무척 강합니다. 하지만 그것은 경영도 전략도 아닙니다.

인사 업무를 보는 사람들 중에서도 '기술이 넘치는 사람들'이 많습니다. 일 잘하는 사람의 요소를 분해하고 그것을 측정해서 방사형 차트$^{radar\ chart}$를 만들기도 하죠. 이 단계가 되면 으레 '이렇게 하면 일을 잘한다고 평가받을 수 있다'라는 기술마저 들이미는 사람들이 있습니다. 직원들은 인사팀이 제시하는 '일을 잘하기 위한 기술'을 통달하려 애를 씁니다. 하지만 이상하게도 그들이 제시하는 기술을 따라할수록 업무 성과가 나지 않는 문제가 발생합니다.

이런 과정을 한마디로 표현하자면, 대리 중계자라는 뜻을 지닌 '프락시^{proxy}'라는 말이 딱 와 닿습니다. 최종 성과로 이어져야 할 업무가 바로 프락시가 되어버리는 겁니다. 원래 같았으면 실적을 내기 위해서 전략을 세워야 할 텐데, '분석'이라는 작업이 전략의 프락시가 되고 맙니다. 기술은 프락시를 유발하기 쉽습니다. 영어를 잘한다거나 프로그래밍을 잘한다는 것은 가치가 있습니다. 나아가 무엇을 위해서 그 기술이 필요한지, 어떤 성과와 결과로 연결되는지가 중요합니다. 그러나 목적을 잊고 기술 단련에만 집중하는 경우가 많죠. 기술이 향상되면 성취감이 있으니 그날의 불안이 해소되는 겁니다.

좋은 평가를 받고 싶다는 마음은 인간이라면 누구에게나 반드시 있습니다. 그런 욕구가 프락시를 끊임없이 만들어내는 게 아닌가 싶습니다. 그 결과, 작은 일에는 매우 민감한데도 큰일에는 몹시 둔감해지기도 합니다. 조직이 붕괴되어갈 때 '근본적으로 무언가 틀린 게 아닐까?' 하는 중요한 문제들과 대면하는 것은 피하고, 하찮은 부분을 파고들어가는 거죠.

합리적 경영,
한계에 부딪히다

구스노키   프락시의 사고관을 토대로 조직을 운영하고, 상부층에서 하부층으로 하달하는 업무 방식은 일종의 세련된 관리 체계입니다. 확실하게 분업하고 각각의 팀에 핵심성과지표^{KPI, Key Performance Indicator}를 제공하는 합리적인 조직 설계죠. 이와 관련해 미국에서 더욱 현저하게 드러난 문제가 있습니다.

미국의 전통 있는 대규모 상장 기업들은 과도하게 KPI에만 주력하는 관리 체계로 회사를 운영하는 경우가 많다는 것입니다. 각 부서의 KPI에는 일정한 합리성이 있지만, 각각의 KPI를 가지고 전원이 매진했을 때 그것이 진짜 성과가 될지 아닐지는 또 다른 문제지요. 각 부서의 KPI는 완전한 MECE^{Mutually Exclusive and Collectively Exhaustive}와 같이 중복되지 않고 누락도 없는 상태가 아닙니다. 어딘가에 무리하거나 기만적인 요소가 있지만 그런 것쯤은 잠시 제쳐둬도 좋은 면이 있습니다.

이때 '내 임기 중에 이 정도 달성하면 상여금도 나오겠지?' 하는 형편없는 경영자와 '그 모순이 문제로 불거졌을 때 해결은 내가 알아서 할 테니 당신은 KPI에나 집중해' 하는 뛰어난 미국식 경영자가 존재합니다. 일을 잘한다는 것은 이런 미국식 경영자를 가리키는 것 같습니다. 이런 사람이 있어야 KPI 매니지먼트가 가능해집니다. 그저 KPI에만 맹목적으로 의존한다면 결과적으로 궁지에 몰리는 것이 필연적입니다.

야마구치 닛산자동차 회장을 지낸 카를로스 곤^{Carlos Ghosn}이 물의를 일으켜 엄청난 비난을 받았습니다. 카를로스 곤은 1999년 경영 위기에 직면한 닛산자동차의 최고운영책임자로 발령받아 2만여 명의 인원 감축, 300여 개의 대리점 폐점, 공장 및 계열사 폐쇄 등 강도 높은 구조조정을 했습니다. 이를 통해 닛산자동차의 재건을 이뤄낸 경영인이었습니다. 하지만 2018년 금융상품거래법 위반, 특수배임 등의 혐의로 두 번의 체포와 보석 석방 후, 현재 레바논으로 도주한 상태죠.

그가 처음 닛산에 왔을 때는 비교적 정통적인 방법으로 구조조정을 했다고 합니다. 조직 매니지먼트의 핵심을 잘 알고 있었던 거죠. 그의 이야기를 접하고 제가 흥미를 느낀 점이 있습니다. 카를로스가 오기 전의 닛산자동차는 디자인 담당과 원가 관리 담당을 맡은 임원이 같은 인물이었어요. 원가와 디자인은 어느 한 가지를 얻으려면 반드시 다른 것을 희생해야 하는 트레이드 오프^{trade off} 관계에 있습니다. 디자인을 잘하려고 하면 원가가 올라가고, 원가를 낮추려고 하면 디자인이 희생되는 거죠. 그래서 이 두 가지를 한 사람의 책임자가 담당하면 낮은 수준에서 타협하는 일이 발생하는 겁니다.

이때 부임한 카를로스 회장은 디자인과 원가 담당자를 분리했습니다. "당신은 디자인을 향상시키세요", "당신은 원가를 낮추세요" 하고 두 사람의 책임자에게 각각 역할을 분담한 겁니다. 요컨대 "디자인을 책임지는 사람은 당신이니까 일단 매년 실시하는 시장조사를 통해 디자인의 퀄리티를 회사가 원하는 수준까지 올려주십시오. 당신은 원가 관리 책임자를 맡아 현재의 이 금액에서 평균적으로 회사가 원하는 정도까지 낮춰주십시오. 그리고 두 분의 의견이 대립될 때는 싸우십시오. 싸움으로도 도저히 해결되지 않으면 그땐 제게 오십시오" 하고 말한 거죠.

어떤 의미에서는 일부러 부분 최적화한 겁니다. 디자인 담당자는 이제 디자인으로 승부를 보겠다는 열의를 갖고 일에 몰두할 테고, 재무 담당자는 원가를 낮출 방법을 모색하면서 의욕적으로 업무에 전념할 겁니다. 이를 알고 의도적으로 업무를 분리한 것입니다. 역시 효과적인 판단이었습니다.

구스노키 모든 조직이 그런데요, 착실히 분업해나가다 보면 최종적으로 온갖 모순이 최고경영자에게로 모이게 됩니다. 아무래도 거기에 악영향이 미치므로 그때 제대로 판단해서 우선순위를 결정할 수 있는 감각이 필요합니다. 카를로스는 이 감각을 갖고 있었죠. 그럼에도 의문점은 있습니다. 수단의 '합리적인 경영'은 마이너스(-)를 제로(0)로 만드는 데에는 무척 효과적지만, 제로에서 플러스(+)를 만드는 데도 효과적일까요?

●● 숲을 보는 사람에게서
지혜를 얻다

구스노키 당연한 이야기지만, 일을 혼자서 전부 다 할 수는 없습니다. 분업은 절대적으로 필요합니다. 그래서 '분업은 하고 있지만 완전히 분단되지 않은 상태'를 만드는 것이 일의 본령입니다. 경영자라면 자신의 위치에서 모든 것을 움직이겠다는 의식을 갖고 있어야 합니다. 요컨대 '실무자'와 '경영자'는 업무를 대하는 태도가 달라야 한다는 이야기입니다.

실무자들이 업무를 대할 때는 '제 일은 여기부터 여기까지고, KPI는 이것이니까 언제까지 달성하겠습니다' 하는 식입니다. 전체를 바라보고 업무를 총괄하는 감각이 부족할 수밖에 없습니다. 그렇다면 전체를 상대로 한다는 것은 어떤 것일까요? 비즈니스는 결국 장기적인 이익을 추구하게 마련입니다.

이익의 정의는 'WTP−C=P'라는 단순한 공식으로 나타낼 수 있어요. WTP$^{\text{Willingness To Pay}}$(지불용의)는 고객이 지불하고 싶어지는 수준의 금액입니다. 기업 측에서 보면 수입이고요. C는 비용^{Cost}입니다.

이익을 늘리기 위해서는 WTP가 오르거나 C가 내려가거나, 혹은 그 두 가지가 동시에 일어나야 한다. 전체를 바라보고 일하는 사람은 이 세 가지 방법 중 최소한 하나 이상을 언제나 자신의 일과 연관시켜서 생각한다.

이익Profit은 고객의 지불의사 금액에서 비용을 뺀 나머지예요. 이익을 증대하기 위해서는 WTP가 오르든지 C가 내려가든지, 혹은 그 두 가지가 동시에 일어나야 합니다. 이익을 증대하기 위해서는 이 세 가지 방법밖에 없어요.

직접 관찰해보면 알 수 있는데, 전체를 상대로 하는 사람은 이미 일거수일투족이 모두 그 세 가지 방법 중 어느 한 가지와 명확하게 연결되어 있습니다. 뒤집어 말하자면 이 세 가지 방법과 연결되어 있지 않은 일은 자신의 일이라고 생각하지 않습니다. 메일 한 통, 전화 한 통, 회의 한 번, 어떤 일의 처리, 그리고 질문을 한다, 사람을 만난다, 메모를 한다 등 모든 일이 연결되어 있습니다. 무엇이든 간에 그 모든 행위들은 결국 WTP가 올라갈지, C가 내려갈지 혹은 양쪽 다일지, 어느 하나로 이어져 있습니다. 이것이 전체를 상대로 한다는 것이 내포하는 의미입니다.

야마구치   정상에 '이익'을 두고 그것이 WTP와 C라는 두 개의 가지로 나눠는 거죠. 실무자들은 거기서 한층 더 세밀하게 가지와 잎으로 나눕니다. 일을 잘하는 사람은 나뭇가지 모양의 그림 안에서 자신의 행동이 어디에 위치하고 있는지를 항상 의식하고 있습니다. 반대로 감각이 없는 사람은 조각조각 부분에 치우친 활동을 하는 경향이 있고요. 그러니 일이 자주 엉망이 되는 것입니다. 전체적인 흐름과 계보가 보이지 않기 때문이죠.

구스노키　사과하는 기술이 아주 능숙한 승무원 이야기가 떠오릅니다. 저는 비행기를 타고 자비로 출장을 가야 할 때에는 대개 이코노미석을 이용합니다. 이코노미석에는 주로 두 가지 기내식 선택지가 주어집니다. 카레라이스나 치킨 덮밥, 이런 식이죠. 식사 시간이 시작되면 승무원이 앞쪽 좌석 손님들부터 순서대로 주문을 받습니다. 저는 뒤쪽 좌석에 앉아 제 차례가 되면 카레라이스를 주문하겠다고 마음을 정하고 순서가 되기를 기다렸죠.

그런데 몇 줄 앞에서 카레라이스가 동이 나고 말았습니다. "카레라이스는 이제 없나요?" 하고 묻자 승무원은 "정말 죄송합니다, 손님"이라고 말하며 너무나도 미안해하는 표정과 어조로 사과를 하더군요. 사과하는 기술이 뛰어난 승무원이었습니다. 저는 "아뇨, 치킨 덮밥도 괜찮습니다"라고 말하고 얼른 식사 트레이를 받았습니다.

그러고 몇 개월 후, 출장을 가느라 같은 노선의 비행기 이코노미석을 또 이용할 일이 있었습니다. 여느 때처럼 카레라이스와 치킨 덮밥 중에 선택해야 했죠. 그리고 또다시 제 차례가 오기 직전에 카레라이스는 품절돼버렸습니다. 승무원은 몇 개월 전과 토씨 하나 다르지 않게 '프로의 사과'를 합니다. 저 또한 "치킨도 괜찮아요" 하고 트레이를 받았지만, 이번에는 의아한 기분이 들었습니다.

과연 사과의 기술이 이처럼 뛰어난 이 승무원은 지금까지 똑같은 일로 몇 백 명의 손님들에게 몇 백 번이나 머리를 숙여왔을까요? 사과를 되풀이할 때마다 사과하는 기술이 갈고 닦인 게 틀림없습니다. 그런데 말이죠, 승무원은 왜 이 같은 품절 상황을 반복하는 걸까요? 사과하는 기술을 연마하기 전에 사과할 일을 없앨 수는 없었을까요? 왜 좀 더 근본적인 해결책을 찾지 않고 상황에 대응하는 사과의 기술만을 능숙하게 사용하는 걸까요?

야마구치 그렇네요. 카레를 선택하는 손님이 통계적으로 많으니 치킨과 카레의 발주 비율이 효과적이지 않은 것을 눈치 챘을 겁니다. 카레의 비율을 늘릴 것을 기내식 조달 부서에 제안하고 발주 비율을 변경하는 것이 합리적이었겠어요. 그렇게 하면 고객 만족도도 더 올라갈 테고요.

구스노키 맞습니다. 그보다 더 적극적인 대응 방법을 생각해볼 수도 있겠죠. 애초에 기내식을 두 종류가 아니라 한 종류로 준비할 수도 있습니다. 이렇게 전체를 바라보고 실제 문제를 해결해나가는 것이 바로 일하는 감각인데 말입니다. 하지만 실무자인 승무원은 임기응변의 기술만 능숙하게 쌓고 있는 것이죠.

물론 실무자에게 일이란 부분으로서 최적화한 업무를 수행하는 것일 수도 있습니다. 그래서 일부분의 업무에 최적화한 기술을 쌓고 발휘하려고 하는 것이고요. 하지만 전체를 아울러 통합하는 능력, 총체적으로 문제를 조망하는 능력이 없다면 일을 제대로 하고 있다고 할 수 있을까요?

OCCASION:
감각이 상황을 만나 기회가 되다

●● 감각이 발휘되는 상황은
따로 있다

야마구치   일을 잘하고 못하고는 상황과 배경에 따라 달라집니다. 저는 한큐
전철*의 창업자 고바야시 이치조^{小林一三}(1873~1957)가 떠오릅니다.
고바야시는 원래 도쿄의 명문 사립대학인 게이오기주쿠대학을 나
와 현재의 미쓰이스미토모^{三井住友}은행이 된 미쓰이은행에 들어갔습
니다. 고바야시는 대학 때 소설을 연재하기도 하고 훗날 가극단을

◆   한큐전철 주식회사(阪急電鉄株式会社, Hankyu Corporation)는 일본의 긴키 지방에 노선을 갖고 있는
민간 전철 회사이다. 1907년에 설립된 미노오 아리마 전기궤도가 1910년 3월 10일에 현재의 다
카라즈카 본선, 미노오 선에 해당하는 선로를 개통한 것으로 시작했다. 창업자 고바야시 이치조
는 경영 안정을 위해 연선 개발에 힘을 써 주택지 분양, 다카라즈카 신온천, 다카라즈카 가극대(현
재의 다카라즈카 가극단) 등의 사업을 다각적으로 전개했다.

만들 정도로 문예에도 재주가 있었어요. 미쓰이은행에 입사해서
도 유곽에서 술을 잔뜩 마시고 취해서는 다음 날 출근을 못 한 일
도 있는 등 유흥을 즐기는 사람이었어요. 결국 서른 살이 넘을 때
까지 좌천에 좌천을 거듭했습니다. 미쓰이은행에서의 미래가 뻔
했던 그는 한큐전철의 전신이 된 미노오 아리마 전기궤도箕面有馬電気軌
道라는 간사이 지역의 벤처회사로 이직을 합니다. 그리고 이때부터
사업가로서 그의 재능이 대폭발합니다.

　사람들은 그를 우수하고 일을 잘하는 천재적인 비즈니스맨, 불
세출의 인물이라고 생각합니다. 하지만 모든 일과 모든 상황에서
그랬던 건 아닙니다. 그의 재능은 벤처회사에서 철도를 만든다거
나, 혹은 구체적이고 물리적인 장소를 만든다거나, 사람을 움직이
는 물리적인 비즈니스를 할 때 발휘되었던 겁니다. 미쓰이은행에서
투자 업무나 융자 업무를 할 때는 그다지 성과가 나지 않았던 것과
완전히 대조적이죠.

구스노키　평론가 가시마 시게루鹿島茂가 쓴 『고바야시 이치조, 일본이 낳은 위
대한 경영 혁신가』라는 책을 보면 고바야시의 은행원 시절과 철도
벤처회사에서 일하던 시절은 의욕의 차원이 완전히 다르더군요.

야마구치　영국 수상이었던 윈스턴 처칠도 매우 극단적인 인물입니다. 처칠
은 자원 배분이나 조정에 서투른 사람이었습니다. 행정이나 정치
의 기본이 '배분의 기술Art Of Allocation'이고 정치란 조직마다 그에 맞

는 예산을 책정하고 조정하는 일입니다. 그런데도 처칠은 그런 일은 전혀 신경 쓰지 않고 오직 거국일치 내각 체제에서 나치와 싸우는 일에만 몰두했습니다. "나치와 싸우기 위해서 우리는 공장에서 싸우고 부엌에서 싸웁니다"라는 캐치프레이즈가 유명하죠. 그의 안중에는 자원 배분 같은 건 없었어요. 이는 정치가로서의 역할과는 전혀 맞지 않았습니다. 분배의 기술이 정치가의 감각이라면, 감각이 제로에 가까웠던 것이죠.

그렇지만 모든 권리를 손에 쥐고 상대와 싸우는 국면에 들어가면 상당히 강력한 감각을 발휘합니다. 어떤 상황에 처하느냐에 따라 처칠의 능력 발현치는 달라졌고, 그래서 성과가 롤러코스터처럼 오르락내리락했던 거예요.

처칠은 전차戰車를 발안하기도 했습니다. 혁신의 역사를 보면 이것도 매우 흥미로운 점입니다. 1차 세계대전에서 서부전선이 교착 상태에 빠졌을 때 당시 실용화된 트랙터에 장갑裝甲을 장착해서 참호로 돌진하면 어떨까 하는 안건을 육군 중령이 냈지만 육군에서는 채택되지 않았습니다. 채택되지 않은 이유가 매우 단순한데 '기사도 정신에 반한다'는 것이었습니다. 그때 이 아이디어에 관심을 보인 사람이 당시 해군장관이었던 처칠이었습니다. 육상 전투에 관해서는 문외한이던 처칠이었지만, 자신이 연구비용을 대줄 테니 한번 시제품을 만들어보자고 제안했죠. 그렇게 만들어진 전차는 전투에서 무척이나 유효했기에 1차 세계대전에서 '마크 I'이라는 전차가 만들어진 것입니다.

장소와 타이밍을
고르는 판단력

구스노키　전방위적으로 감각이 있는 사람은 없습니다. 정말 감각이 있는 사람은 그저 감각이 있을 뿐만 아니라 감각을 발휘할 자리를 잘 알고 있습니다. 자신이 해야 할 일인지 아닌지를 판단하는 직감이 실로 뛰어나죠. 처음에 망설여진다면 일단 해보고, '이건 내가 할 일이 아니야' 하고 생각되는 분야에서는 손을 떼는 상황 판단력을 길러야 합니다. 그러다 보면 '이곳이 내가 있어야 할 자리다' 하는 감각이 점차 뚜렷해집니다. 물러날 때와 나서야 할 때를 아는 것, 이 또한 일을 잘하는 사람의 특징이라고 할 수 있어요.

앞서 말한 닛산동차의 전 회장 카를로스 곤은 도중에 자신에게 맞지 않는 자리로 바뀌었는데도 줄곧 그 자리에 있고 싶어 했습니다. 자기 자리를 모르고 무리한 결과, 돌이킬 수 없는 참담한 상황을 초래하고 만 것이죠. 고바야시도 한큐에서는 천재적으로 업무 감각을 발휘했지만, 미쓰이은행에서 일할 때는 그러지 못했습니다. 만일 그가 미쓰이은행의 일에 더 깊숙이 관여하면서 우수한 은행원이 되겠다고 기를 쓰며 무리했다면 결코 자신의 강점을 살리지 못했을 겁니다.

야마구치　그렇죠. 그래서 감각이란 한 가지 축으로만 판단할 수 있는 것이 아닙니다. 어떤 특정한 상황에서 굉장히 성과를 내는 감각이 있어요. 배경이나 상황에 따라 감각의 강도나 영향력이 크게 달라집니다. 자신이 그 배경에 적합한 감각을 갖고 있는지 아닌지를 판단할 수 있는 메타감각 같은 게 있으면 무척 좋겠지만, 아쉽게도 감각이란 여러 가지 시도를 해보지 않고서는 알 수가 없습니다. 이것이 감각의 특이점이기도 합니다.

야구로 말하자면, 타석에 들어서 다양한 구질의 공을 쳐보고 '나는 다른 사람이 모두 헛스윙을 하는 바깥쪽 낮은 변화구를 끌어당겨 잘 쳐낼 수 있군' 하는 것을 알게 되면 그다음부터는 그렇게 들어오는 공만을 노려 완승을 이뤄낼 것 같은 느낌이 들겠죠. 그러려면 일단 처음에는 유연한 태도로 다양한 시도를 해봐야 합니다. 그런 후에야 비로소 자신이 어떤 상황에서 감각을 발휘하는지 확신을 가질 수 있습니다.

구스노키 맞습니다. 그러니까 감각을 알아내기 위해서는 먼저 경험이 필요합니다. 타석에 서 있는 동안에 타자는 그동안 쌓은 다양한 경험을 통해 어떤 공을 쳐낼지 미리 알아차릴 수 있습니다. 고객을 대하는 직장인이라면 주문이 들어온다는 사실만으로도 고객들이 그 제품을 마음에 들어한다는 사실을 명백히 알 수 있습니다. 내가 먼저 판단하지 않아도 됩니다. 고객이 나의 일과 나의 자리를 가르쳐준 셈인 거죠. 결국 실전에 나가보지 않으면 알 수 없습니다.

감각은 자기 경험이 나침반이 되어주니, 기술처럼 나 이외의 타인이 감각을 알려주기란 쉽지 않습니다. 이것이 기술과 감각의 차이죠. 기술이라면 타인이 선험적으로 누구의 일인지, 누구의 자리인지 알려줄 수 있습니다. 영어로 소통할 일이 있다면 영어를 잘하는 사람을 담당자로 지정해줄 수 있고, 회계가 능해야 하는 일이 있다면 회계 자격증을 가진 사람을 담당으로 둘 수 있습니다. 그런데 감각을 업무 배분의 기준으로 할 때에는 판단하기가 상당히 어렵습니다. 결국 자기 일인지 아닌지는 일하는 사람 스스로가 판단할 수밖에 없습니다.

야마구치   이것이 감각을 가진 '일 잘하는 사람'의 안목이죠. 저는 오감五感을 넘은 식스 센스sixth sense가 아닐까 생각합니다. 만담꾼 중에는 프레젠테이션에 능숙한 사람이 많은 것 같아요. 광고회사 덴쓰에 재직할 당시 시라쓰치 겐지白土謙二라고 제 은사나 다름없는 분도 프레젠테이션 천재였는데, 만담연구회 출신이었죠. 어떻게 관객들에게 웃음을 선사할 수 있는지 여쭤본 적이 있었는데, 그분 말씀이 이렇습니다.

처음엔 자신이 하는 이야기가 재미있는지 재미없는지를 판단할 수가 없다고 합니다. 재미는 관객이 판단하는 것이니까요. 그런데 극장 무대에 서서 만담을 하는 사람에게는 자신의 목소리가 발성과 거의 동시에 극장 안에 울린다더군요. 이에 반해 "와아아~!" 하는 관객들의 웃음소리는 앞쪽에서 뒤쪽으로 퍼져 나간다고 해요. 그러니 관객들이 웃을 수 있는 타이밍을 계산해서 이야기를 전개해나가야 하는 것이죠. 그런데 극장 크기에 따라서 관객들이 충분히 웃고 이야기로 돌아올 타이밍이 달라진다고 합니다. 무대에서 뒤쪽 관객석까지의 거리가 20미터인 극장과 40미터나 되는 극장은 다른 거죠. 그래서 만담꾼들은 공간의 크기나 거리에 따라 이야기를 잠깐씩 끊는 시간을 달리 해야 합니다. 안 그러면 자칫 망칠 우려가 있겠죠.

이때 만담꾼들의 감각이 나온다고 합니다. 관객들이 웃을 타이밍을 감지하는 레이더 같은 것이 자신의 내면에 차곡차곡 쌓여서 능숙한 만담꾼으로 거듭나는 것이죠. 자신의 눈앞에서 무슨 일이 일어나고 있는지를 내다보는 능력, 이것이 재미있는 만담꾼과 재미없는 만담꾼을 가르는 기준이 됩니다. 이 능력이 없는 사람은 과정이나 결과가 빗나가 있는데도 알아차리지 못하는 게 아닐까 생각합니다.

●● 감각과 의욕의 매트릭스가
　　자리를 정한다

야마구치　감각은 의욕과도 관계가 있는 것 같아요. 저는 이것을 '감각과 의욕의 매트릭스'라고 부릅니다. 군대에서는 전투 감각은 뛰어나지만 의욕이 별로 없는 리더가 적합하다고 합니다. 가능하면 편하게 이기려고 하기 때문이죠. 그런데 감각도 뛰어나지만 의욕도 있는 사람은 대장을 보좌하는 참모 역할이 어울린다고 하더라고요. 가장 곤란한 사람이 감각은 없는데 의욕만 앞서는 사람입니다. 이런 사람이 자기 마음대로 조직을 휘두르거나 잘못된 판단으로 돌격을 지시하면 부대를 전멸시키기도 합니다.

구스노키 감각은 없는데 부지런하게 의욕을 부리는 유형이 조직에서는 가장 위험하겠네요.

야마구치 맞습니다. 그런 유형이야말로 조직을 망가뜨리는 명령을 마구 내리는 수장이 되겠죠. 마지막으로 감각도 의욕도 없는 사람은 KPI의 틀에만 맞춰 일을 하려 할 것입니다. 꽤 민감한 이야기지만, 이는 분명 나치 정권의 비밀국가경찰인 게슈타포로부터 지시받던 양상과 별반 다르지 않습니다.

구스노키 감각도 없고 의욕도 없다면 무턱대고 지시를 수행하는 유형이 될 테니까 정말 무서운 일이 벌어질 수도 있겠습니다.

야마구치 여기에 기술을 적용하면 더 복잡해집니다. 기술은 있지만 감각이 없는 사람, 감각은 있지만 기술이 없는 사람 중에서 누구에게 어떤 일을 시킬 것인가 하는 문제도 생각할 수 있습니다. 만일 감각은 없는데 의욕이 넘치는 사람이 있다면, 감각만 있고 의욕이 없는 리더를 따르기란 쉽지 않겠죠. 그러니 기술을 쌓아서 일종의 복수를 하는 것이 현재 많은 사람들이 일하는 방식이 아닐까요?

의욕은 자신이 마음먹기 나름이어서 끈기를 가지면 의욕을 낼 수 있습니다. 다만 의욕은 있지만 감각이 없는 사람은 아무리 애를 써도 감각이 있는 사람을 이길 수 없을 겁니다. 대장과 부하 관계니까요. 분하기도 할 겁니다. 그러니 역시 업무 기술을 많이 쌓아 내세울 수밖에 없는 것이죠.

SEQUENCE:
일의 시퀀스가 나만의 전략이 되다

●● 프로는 일하는
순서가 다르다

야마구치　1911년 사무용 기기 생산업체로 출발해 거대한 IT기업으로 성장
한 IBM은 1990년대에 애플과 마이크로소프트 등 경쟁업체들에
밀려 심각한 경영난에 처했습니다. 위기에 처한 IBM을 회생시킨
것은 1993년에 신임 회장으로 취임한 루이스 거스트너[Louis V. Gerstner]
였죠.

　거스트너가 취임하고 3개월쯤 후에 IBM의 재건 계획을 발표
할 때가 되자 항간에 말이 떠돌았습니다. 회사를 제각각 분할해서
신속하게 시장에 대응할 수 있는 소규모 회사의 집합체로 만들 거
라는 것이었어요. 하지만 거스트너는 기자회견에서 '공장 폐쇄, 직
원 감축, 제품 가격 상승' 계획을 발표했습니다. 이 기자회견에서

1990년대 경영계에서 유행하고 매스컴이 기대하던 '비전 경영'이라거나 '애자일Agile', '소기업 우선주의think small first' 또는 '분해' 같은 키워드는 전혀 언급되지 않았습니다.

이에 어느 기자가 IBM의 새로운 비전은 없는지를 물었죠. 성격이 꽤 비딱했던 거스트너는 "IBM은 지금 집중치료실에 있는 중환자여서 모든 것이 필요합니다. 단 한 가지 유일하게 필요 없는 것을 꼽자면 '비전'이죠"라고 대답했습니다. 거스트너가 말하려던 핵심은 출혈을 멈추는 일이 중요하다는 거였죠. 그가 내놓은 해법은 가격을 올리고 직원을 감축하는, 무척이나 정통적인 방식의 구조조정이었습니다.

정통적인 구조조정이었음에도 불구하고 거스트너의 혁신이 대단했던 이유는 그 순서에 있습니다. 그는 원래 매킨지의 컨설턴트 출신으로 월스트리트에서 M&A 플레이를 펼치며 수완이 무척 좋았거든요. 그가 IBM에 와서 가장 먼저 착수한 업무는 직접 엑셀 프로그램을 이용해 채무 금액을 확인하고 현금흐름을 읽는 일이었습니다. 자신이 직접 자료를 작성한 후에 행동으로 솔선했습니다. 그는 지휘만 하는 리더 유형이 아니라 직접 실행에 나서는 리더였던 것이죠. '공장을 폐쇄해라', '1만 5,000명을 감축해라', '이 상품군은 전부 매각해라', '이 상품 라인은 가격 저항이 적으니 1.5배로 가격을 올려라' 하고 현장에 뛰어들어 지시했어요.

그리고 이 모든 일이 일단락될 즈음 고객을 찾아다니면서 "IBM의 어떤 점이 마음에 안 드십니까?" 하고 직접 물었다고 합니다. 그리고 마지막으로는 'e-비즈니스'라는 신규 사업을 제안한 뒤 실무진들이 적극적이고 효율적으로 업무를 추진할 수 있도록 권한을 전폭적으로 위임했습니다. 이 신규 사업이 결국 IBM을 컨설팅, 소프트웨어 및 서비스 비즈니스를 중점 사업으로 하는 통합 설루션회사로 거듭나게 만들어줬습니다.

　돌이켜보면 거스트너가 일을 추진한 시간축의 시퀀스^{sequence}에는 놀랍게도 예술이 깃들어 있습니다. 요소를 한 가지씩 들여다보면 누구나 할 수 있는 일이었지만, 그 일들의 조합이 기가 막힌 것이죠.

구스노키　여러 가지 글을 읽어보니 거스트너는 고객과 만나는 데 무척 많은 시간을 할애했다고 하더군요.

야마구치　그가 직접 만난 고객만 1만 명이었습니다. 그가 고객들에게 들었던 말들 가운데 대다수는 최첨단 기술을 선보이는 회사가 되어달라는 것이 아니었습니다. 오히려 '이 회사에 문의하면 최선을 다해 해결해준다'는 신뢰를 주는 회사였습니다. 거스트너는 이런 고객의 요구에 적극 대응하면서 '저희는 IT를 사용해 과제를 해결합니다'라는 회사의 비전을 만들어갔죠. '거스트너 스쿨'을 만들어 인재 육성에 힘을 기울이기도 했고요. 이는 처음 회장으로 부임해 '비전이야말로 필요 없다'며 당시 유행하던 '비전 경영'을 무자비하게 버렸던 것과는 정반대의 방향이었습니다. 거스트너는 이런 식으로 효과가 즉각 나오는 안건은 즉각 처리하고, 시간이 오래 걸리는 사안은 오래두고 처리하는 식으로 차례차례 대책을 강구했던 것입니다.

리더가 조직에 개입하는 방법에는 여러 가지 유형이 있습니다만, 중요한 것은 바로 '개입'하는 것이죠. 그리고 개입의 방법과 배경 또한 중요합니다. 3개월 후면 현금이 바닥나는 위기 단계에서 '비전'을 말하고 인재를 육성해봐야 소용이 없는 것이죠. 심폐소생술이 필요한 상황이라면, 일 자체를 새롭게 바꾸지 않고 일의 순서를 새롭게 정하는 것만으로도 하나의 해답이 됩니다. 예술의 경지를 보인 거스트너의 IBM 회생 과정에서 이것을 관찰할 수 있었습니다.

구스노키 그야말로 프로의 업무 방식이군요. 프로가 대단한 점은 무얼 하느냐가 아니라, 일을 하는 순서와 업무의 시퀀스입니다. A와 B와 C의 업무는 그저 나열되는 업무의 항목이 아닙니다. A가 있기에 B가 있고, B가 생김으로써 C가 나오는 식으로 시간순의 의미가 있어요. 요컨대 A와 B 사이에 논리가 있고, B와 C 사이에도 논리가 존재하는 거죠.

야마구치 비전을 만들고 그에 따라 업무를 항목별로 나열해서 '이 모든 업무를 하라'라고 지시하는 게 아니라 '우선은 이것만 하자'고 정한 것입니다. 우선순위에 확실하게 집중할 수 있도록 하는 전략을 사

용한 거죠. 게다가 결과적으로 그 순서도 정말로 뛰어났습니다.

구스노키 바로 그 점이 예술인 거죠. 그런데 이런 순열 정책을 '우선순위를 매겨라'라는 일반적인 이야기와 혼동해서 받아들이는 사람들이 있습니다. '해야 할 일 리스트to-do list'에도 우선순위가 매겨져 있잖아요. 하지만 중요한 일 세 가지를 정해서 시키는 것이 아니라, 중요한 세 가지 일을 '어떤 순서로 할지'를 정하는 순열의 문제는 우선순위를 정하는 것과는 달라요. 이 둘은 사고 계통이 완전히 다릅니다.

야마구치 한 가지 일이 끝난 결과로 다음 일이 생기는 이치라서 단지 일의 우선순위를 매기는 것과는 다를 수밖에 없죠.

우선순위, 타이밍, 시퀀스

구스노키 IBM의 루이스 거스트너의 사례와는 반대의 실패 사례로 휴렛팩 커드[HP]의 전 CEO 칼리 피오리나[Carly Fiorina, 1954~]를 꼽고 싶습니다. 1998년 미국의 경제전문지 「포천[Fortune]」에서 '가장 영향력 있는 여성 기업인 50인' 중 1위에 꼽힌 피오리나는 1999년에 휴렛팩커드의 CEO로 화려하게 부임했습니다. '다이내믹'이니 '네트워크'니 계속해서 비전을 내세웠지만, '비전을 제시하는 리더'가 아닌 '말뿐인 리더'로 전락한 케이스입니다.

피오리나는 취임 초기에 회사 비용을 절감하기 위해 직원들에게 자발적 봉급 삭감과 여가 감축을 요구했고, 직원들은 해고를 막을 수 있다는 기대감에 신임 CEO의 요구를 순순히 따랐죠. 하지만 피오리나는 1개월 후 6,000명을 해고해 직원들의 불신을 극대화했습니다. 아무리 훌륭한 비전과 전략일지라도 일관성이 없다면 외면당할 수밖에 없습니다.

초기부터 대대적인 구조조정으로 사내 여론이 악화된 것만이 악재는 아니었습니다. 2002년에는 주주들과 중역들의 거센 반발을 무릅쓰고 190억 달러의 거액을 들여 컴팩 컴퓨터를 인수하는 등 피오리나는 휴렛팩커트 CEO 부임 기간 내내 불화를 일으켰습니다. 결국 그는 취임 이후 63퍼센트까지 하락한 주가를 끌어올리는 데 실패하면서 2005년 사임하게 됩니다.

피오리나의 후임으로, 훗날 컴퓨터 소프트웨어회사 오라클^{Oracle}의 CEO가 되는 마크 허드^{Mark Hurd}가 옵니다. IT업계의 험한 길을 걸어온 베테랑이 피오리나의 뒤를 잇는 CEO로서 휴렛팩커드를 재건하러 온 것이죠. 부임 당시 마크 허드의 인터뷰 내용을 잠시 볼까요?

기자　　전임인 피오리나에게 모두가 야유를 퍼붓고 있습니다만, 당신은 앞으로 휴렛팩커드에 중요한 것이 무엇이라고 생각하십니까?

허드　　영업력 외에 또 뭐가 있겠습니까?

기자　　그러기 위해서는 어떤 전략이 필요합니까?

허드　　지금은 우리 회사에 중요한 고비이므로 우선 정면으로 부딪칠 겁니다. 앞장서서 맞설 수 있는 동료들을 얼마나 모을 수 있느냐에 성패가 달려 있습니다.

　　마크 허드는 피오리나처럼 번지르르한 말은 일절 하지 않았어요. 전형적으로 강인한 미국식 보스였습니다.

야마구치　　이렇게 카리스마를 보이는 리더는 굉장히 믿음이 가죠.

구스노키　　또 다른 예를 들어보죠. 일본 맥도날드는 창업자 후지타 덴^{藤田田,} ^{1926~2004}의 말년에 회사의 경영 상태가 위태로워지자 애플컴퓨터 일본 법인의 대표이사를 지낸 하라다 에이코^{原田泳幸, 1948~}를 영입해 재건에 성공했습니다. 이때 하라다의 재건 신화도 역시 예술이자 걸작이었습니다.

하라다는 2004년 맥도날드에 취임한 후 처음에는 품질^{Quality}, 서비스^{Service}, 청결^{Cleanliness}, 즉 QSC라 불리는 세 가지 기본 방침 외에는 그 어떤 개선 작업도 하지 않았습니다. 메뉴도 재구성하지 않았고 가격도 바꾸지 않았으며, 매장을 새로 개점하지도 폐장하지도 않았죠. 오직 그때 갖추고 있던 환경과 조건에서 QSC에만 철저하게 집중했습니다. 당시 자금도 거의 떨어졌지만 과감하게 투자한 부문은 오직 '메이드 포 유$^{Made For You}$'라는 조리 과정의 전환이었습니다.

그 무렵까지 맥도날드는 수요를 미리 예측해서 상품을 만들어두었다가 파는 시스템이었습니다. 그만큼 한정된 메뉴를 반복해서 판매하는 체제였기에 어느 정도 미리 수요를 읽을 수 있었어요. 주문을 받고 나서 상품을 만들면 속도가 떨어지므로 미리 만들어두었던 것입니다.

하라다는 기존의 방법을 전면적으로 중지하고, 주문을 받는 대로 상품을 만드는 방법으로 전환했습니다. 모듈만 미리 준비해두었다가 주문을 받고서 조립하는 '메이드 포 유' 시스템은 상당히 부담이 큰 투자였지만 그는 이를 과감히 시행했습니다. 현장에서 일하는 사람들은 예산이 한정되어 있으니 우선 '플래그십 스토어(주력 상점)' 몇 군데부터 점차적으로 시행하자고 제안했죠. 하지만 하라다는 "안 됩니다. 모든 점포에서 일제히 전환 시행하겠습니다"라며 아주 단호했습니다.

이 방법으로 만들면 확실히 맛있습니다. 햄버거 맛을 잘 모르는 사람이어도 맛이 확연히 달라졌다는 것을 알 수 있었죠. 그리고 같은 시기에 '100엔 맥'을 판매하기 시작했습니다. 단순히 가격을 낮춰 고객을 되찾으려는 목적만이 아니었어요. 저렴하니까 많은 사람이 반드시 한번은 먹으러 올 것이고, 그 햄버거를 먹는 순간 '메이드 포 유' 시스템의 효과 덕분에 '맥도날드 햄버거가 더 맛있어졌네!' 하고 느낄 계기를 만들려는 정책이었죠. 이 메뉴가 입소문을 타고 확산된 건 당연한 일입니다. 전략 스토리로서 필연을 설계한 거라고 할 수 있죠.

야마구치   그거야말로 정말 시퀀스, 순서의 예술이네요.

구스노키   그러고 나서 메뉴를 하나씩 바꿔나갔습니다. 그 무렵 맥도날드에서 파는 음식은 간단한 식사나 간식거리 정도로 인식하는 사람이 많았습니다. 거기에 쿼터파운더(4분의 1 파운드의 고기를 사용한 햄버거라는 뜻으로, 빅맥과 함께 맥도날드의 핵심 제품)와 같이 비교적 넉넉한 양으로 든든하게 먹을 수 있는 런치 메뉴를 강화하고 단가를 조금씩 올렸습니다.

당시 마케팅 조사를 해보면 맥도날드 음식은 몸에 안 좋다거나 채소가 부족하다거나, 또는 기름지고 칼로리가 높다는 고객 응답이 대부분이었습니다. 하지만 실제로 가장 잘 팔린 상품이 바로 쿼터파운더였어요. 그러고는 모든 계획이 순조롭게 돌아가는 시점에서 채산성이 낮은 점포를 일제히 폐쇄하는 시퀀스 전략으로 스토리를 구상했습니다. 불채산 점포를 닫음으로써 실적은 단번에 회복되었습니다.

이 과정을 회고하며 하라다는 "모든 게 잘 맞아떨어졌어요. 한 패만 나오면 이기는 상황에서 하늘이 도왔습니다"라고 말했지만 제 생각은 다릅니다. 예술적인 전략 덕분입니다. 마지막 패가 완벽히 확실해질 때까지 섣불리 달려들지 않고 준비에 준비를 거듭해 완벽한 상황을 만들고 나서 마지막 한 패를 던진 거예요. 그것은 지금 되돌아봐도 정말로 훌륭한 예술이었습니다. 선두 타자가 QSC, 다음 타자가 100엔 맥이었죠. 그다음 쿼터파운드라는 홈런으로 그라운드의 주자를 모조리 불러들이는 식의 스토리를 만들어낸 겁니다.

야마구치 추진 과정을 보면 전략 하나하나는 진부했죠. 저도 외식 사업에 관련한 일을 꽤 많이 했습니다만, QSC는 외식 사업의 기본이에요. 반액 캠페인 같은 할인 이벤트나 양을 일시적으로 늘리는 캠페인도 상투적인 방법이거든요. 하라다의 맥도날드에서는 전략 하나하나보다는 순서의 구성, 즉 시간축의 시퀀스에서 탁월한 실력이 드러난 것입니다.

구스노키 그리고 또 한 가지, 하라다의 감각이 발휘된 메뉴는 맥도날드의 프렌치프라이라고 생각합니다. 전 세계 점포 중에서 동물성 기름으로 튀기는 나라는 아마 일본밖에 없을 겁니다. 대부분의 국가에서는 식물성 기름으로 바꿨거든요. 그렇게 해야 칼로리가 확실히 줄어들어 건강에 좋기 때문입니다. 하지만 일본 맥도날드에서는 동물성 기름(우지와 팜유의 혼합유)을 사용했지요. 아마 지금도 그럴 거라고 생각하는데요, 그 이유를 하라다는 이렇게 말했죠. "그게 더 맛있으니까." 건강을 중시하는 이들이 맥도날드의 주요 고객일까요? 그렇지 않을 거예요. 그들은 옛날부터 먹어온 맛있는 프렌치 프라이가 더 만족스러울 겁니다.

●● 시퀀스와 스토리가 만나 전략이 되다

구스노키 이와 비슷한 이야기인데요, 지금 자동차업계에서는 연비가 중요한 경쟁 요소여서 어디나 리터당 0.1킬로미터의 차이를 두고 경쟁하고 있습니다. 그런데 마쓰다 자동차 측의 말로는, 정말로 환경을 생각한다면 애초에 자동차가 아니라 전기차를 선택할 거라는 것이죠. 마쓰다에게도 연비가 좋고 환경 부담이 적은 엔진을 개발하는 일은 중요하지만, 100미터의 차이를 다투는 데 급급해하지는 않는다는 겁니다.

야마구치 그렇죠. 가솔린 자동차를 선택하는 고객들은 주로 승차감을 우선

시하죠. 선입견을 완전히 뒤엎는 판단을 단호하게 하는 것 또한
일 잘하는 사람들의 감각이네요.

구스노키 비즈니스와 스포츠는 다르지만, 일본 프로야구 주니치 드래건스 팀
의 투수였던 야마모토 마사山本昌, 1965~ 선수의 일화에서도 일의 전략
이란 시간적 깊이를 가진 스토리라는 사실이 여실히 나옵니다.

1983년 프로에 입단해 2015년 현역 32년차 만 50세 나이로 은
퇴한 야마모토 선수는 일본 프로야구 역사상 최고령 현역 선수로
서 최고령 선발 등판, 선발승 등의 기록 보유자이기도 합니다. 30
여 년의 프로 생활을 모두 주니치 드래곤즈에서 보낸 진정한 프랜
차이즈 스타죠. 그가 기록한 219승은 주니치 구단 역사상 최다승
기록인데요, 은퇴 무렵 야마모토 선수의 직구 최고 속도는 고작
시속 135킬로미터였습니다. 이 정도라면 프로 무대에 서기 어려
운 속도인데, 그는 어떻게 마운드에 오를 수 있었을까요?

야마모토 선수와 친한 동료 관계로 동계훈련을 함께한 스즈키
이치로鈴木一朗 선수는 신체 능력이 무척 좋아서 야마모토 선수보다
도 빠른 볼을 던졌다고 합니다. 스피드건으로 측정하면 스즈키 선
수의 볼이 야마모토 선수의 볼보다 훨씬 빨랐던 거죠. 하지만 이
상하게 타석에 들어선 타자들은 하나같이 야마모토의 볼을 스즈
키 선수의 볼보다 빠르게 느꼈다고 합니다. 스즈키 선수가 "어찌
된 일이야?" 하고 야마모토 선수에게 묻자 야마모토는 "응, 그건
내가 프로이기 때문이지"라고 대답했다고 하더군요. 프로란 무엇

일까요? '빠른 볼'을 던지는 사람이 프로가 아니라, '빠르게 보이는 볼'을 던지는 사람이 진짜 프로라고 말하고 있는 겁니다.

이 이야기는 전략의 본질을 보여주고 있어요. 볼이 빠르게 보인다는 것은 무슨 의미일까요? 투수의 전략이란 여러 공을 조합해서 던지는 형태를 취합니다. 결국은 조합의 문제란 것이죠. 첫 번째 볼은 바깥쪽으로 크게 휘는 슬로커브를 던집니다. 그러면 다음에 높은 볼을 던졌을 때 아슬아슬한 직구가 빠르게 보입니다. 이것이 바로 시간적 깊이와 흐름이 주는 효과입니다. 앞 타석에 이은 다음 타석의 전략까지 짜는 것이죠. 요컨대 투수의 전략이란 '시간을 빨아들인 스토리'가 되는 겁니다. 이 전략의 우열이 바로 프로의 근본이라는 뜻입니다. 누구나 시속 200킬로의 볼을 던질 수는 없으니까요. 만화책에나 나오는 '사라지는 마법의 볼' 같은 건 없어요. 비밀 병기는 없습니다.

전략을 세우자고 하면 일을 못하는 사람들은 당장 필살기를 찾기 어렵습니다. 비밀 병기를 갖고 싶어 하겠죠. 언제나 최신 비밀 병기가 여기저기서 홍보되고 있습니다. 인공지능이라거나 새로운 기술 같은 것들은 앞으로도 나올 것입니다. 하지만 그런 기술에 앞서 이치에 맞고 독자적인 전략 스토리가 있어야 합니다. 인공지능이든 사물인터넷^{IoT}이든, 전략 스토리가 가운데서 자리를 잡아야 비로소 의미를 갖게 되니까요.

일을 잘하는 사람의 사고는 항목별로 쭉 적는 방식이나 해야 할 일의 목록을 작성하는 것과는 결코 다릅니다. 순열적인 스토리 사고가 독창적인 전략을 창출하고, 그들은 이것을 효과적으로 활용합니다.

Part
3

일을 잘하는 사람의 생각은
어떻게 움직이는가

Chapter

09

OBJECTIVE:
생존 이후 무엇을 할 것인가를 목표로 삼다

●● 회사 내에 통용되는
'에너지 보존의 법칙'

구스노키   이번엔 좀 다른 이야기를 해볼까요? 일을 잘하는 사람이 능력을
발휘하는 것을 가로막는 환경적인 문제도 있다고 생각합니다. 수
직적인 조직 체계가 대표적이죠. 물리학의 '에너지 보존의 법칙'이
회사라는 조직 내에서도 통용되고 있습니다. 위치 에너지와 운동
에너지를 합치면 그 합은 항상 일정하다는 법칙이요. 높은 곳에서
물체를 떨어뜨리면, 떨어지면서 위치 에너지가 운동 에너지로 바
뀝니다.

일에 대한 인간의 에너지를 이 물리 법칙에 비유할 수 있습니
다. 전무니 사장이니 하는 직함을 위치 에너지라고 한다면, 어떤
일을 하고 싶다는 것은 운동 에너지입니다. 젊을 때는 운동 에너

지로 힘차게 일하던 사람도 점차 직위가 올라가다 보면 운동 에너지가 서서히 위치 에너지로 전환되면서 일의 동력이 줄어들고 맙니다.

야마구치 조직의 상층부는 결국 무능한 사람들로 채워지게 된다는 '피터의 법칙Peter Principle'과 비슷한 이론이군요. 일을 잘하는 사람을 승진시키다 보면 더 이상 그 일을 감당할 수 없는 위치에까지 올라가는 바람에 결국은 무능한 상급자가 되고 만다는 이론이죠. 조직을 지휘해야 할 상층부가 무능한 사람들로 채워지는 것도 문제지만, 일을 잘하던 사람이 자신에게 맞지 않는 자리로 승진하면서 일의 감각이 사라진다는 점도 안타까운 부분이죠.

구스노키 도시바Toshiba의 니시다 아츠토시西田厚聰 전 회장이 단적인 예입니다. 니시다의 평전을 보면, 그는 대학원 시절에 이란 여성과 알게 되어 교제를 했습니다. 나중에 학문과 결혼 생활 중에서 한 가지를 선택해야만 하는 상황이 되자 학문을 단념하고 부인과 함께 이란으로 갔다고 합니다.

무직이었던 니시다는 이란 현지의 도시바에서 아르바이트를 하게 되었는데, 오래지 않아 정직원으로 채용되어 점차 중요한 업무를 맡게 되었죠. 아마도 경력의 정점은 세계 최초의 노트북형 컴퓨터 사업부 리더를 맡았을 때일 겁니다. 노트북형 컴퓨터의 원형을 만들어 세계 최고의 점유율을 차지했으니까요.

세계 최초의 노트북 '다이나북(T3100)'. 도시바는 1988년 다이나북을 출시한 이후 1990년 대부터 2000년대 초까지 랩톱(노트북) 부문에서 세계 최정상을 차지했다. 그러나 저가형 PC, 스마트폰, 태블릿PC 등의 보급 여파로 성장세가 꺾이며 결국 도시바는 2020년 8월 랩톱 사업을 접는다고 공식 발표했다.

야마구치　도시바가 1988년에 발매한 세계 최초의 노트북 '다이나북^{Dynabook}' 말씀이지요?

구스노키　맞아요. 그 정도로 운동 에너지가 넘쳐서 일을 하던 대단한 분이었는데 마지막에는 그다지 좋지 못한 상황이 되었죠. 2017년 일본 기업 사상 최대 손실로 기록된 핵발전 사업 투자 실패를 비롯해 회계부정 등으로 도시바를 경영 위기에 빠뜨린 장본인으로 불리니까요.

　　니시다 회장이 일본경제단체연합회 부회장을 맡고 있던 말년에 그를 만난 적이 있습니다. 고인에게 실례되는 이야기지만, 사업가로서 명망을 누리던 사람이었는데 막상 만나 보니 그저 평범한

올드타입	뉴타입
높은 지위를 추구한다	목표에 따른 행동을 추구한다
시스템에 순응한다	자신의 감각을 따른다
정답을 찾는다	문제를 찾는다
미래 예측에 의존한다	스스로 미래를 구상한다
주어진 업무에만 집중한다	일의 전체 상을 그린다

올드타입과 뉴타입의 사고방식

할아버지라는 인상을 주더군요. 적극적으로 사업을 추진하면서 운동 에너지가 넘치던 젊은 시절의 그가, 직위가 올라가면서 '도시바 최고위직'이라는 위치 에너지에 흡수되고 만 것이 아닐까 싶었습니다.

야마구치   제가 말하는 소위 '올드타입'이군요. 저도 최근에 펴낸 책 『뉴타입의 시대』에서 지금의 격변하는 시대를 대하는 사람들의 사고와 행동 양식을 크게 '올드타입'과 '뉴타입' 두 가지로 나누고, 우리가 향해야 할 방향을 제시한 적이 있습니다. 올드타입과는 반대로, 뉴타입의 사람들은 현존하는 문제의 정답을 찾으려 하기보단 애초에 새로운 문제를 설정하는 사람들이라고 할 수 있지요.

구스노키 선생이 말하는 운동 에너지로 가득한 사람들이 바로 뉴타입이라면, 위치 에너지로 흡수된 사람들을 올드타입이라고 볼 수 있겠군요.

오직 생존이
목표인 사람들

구스노키 결국은 '상태'와 '행동' 가운데 어느 쪽을 추구할 것인가의 문제겠지요. 지위를 추구하는 것은 인간의 본성일 수 있으나, 특히 일을 못하는 사람일수록 에너지 보존의 법칙에 빠져 있는 것 같습니다.

이런 식으로 상태만 지향하는 사람을 저는 '살아남기의 달인'이라고 부릅니다. 본래 리더란 살아남아 무엇을 하고 싶은지 '행동'을 밝혀야 합니다. 그런데 살아남기의 달인들에게는 그저 생존을 유지하는 '상태' 자체가 목표가 되어 있는 거예요. 방향성을 제시하거나 어떤 목표를 실현하자는 의사 표명이 본래의 경영인데 말입니다.

야마구치 살아남기의 달인들이니 높은 자리에 있는 사람들 중에도 그런 분들이 꽤 많겠네요.

구스노키 안타깝게도 그렇죠. 승진이 프락시가 되어 최고 자리까지 오르는 사람들이 있습니다. '대표이사'라는 직함이 목표이자 전부인 그런 사람은, 대표가 되더라도 역할 면에서는 실무자나 다름없어요. '대표이사 실무자'라고 할 수 있죠. 최고경영자가 아니라 최고실무자라고 해야 할 정도입니다. 주요 자리에서도 직원이 쓴 원고를 읽기만 하고, 주주총회가 다가오면 '예상 문답집'을 만들어오라고 하죠. 자신이 최고경영책임자인데 다른 사람이 써준 답변을 읽기만 한다는 건 정말 말이 안 되는 거죠.

그리고 아니다 싶은 게 또 있습니다. '수평적 네트워크 강조하기의 달인'들이에요. 무슨 일만 있으면 조직을 모두 수평적으로 연계하라고 소리를 높이는 사람이 있습니다. 하층부에 있는 직원들이 서로 논의하면 뭔가 좋은 전략이 나올 거라고 착각하고 있는 거죠. 부하 직원에게 수평적 연계를 강요하기 전에 "우선 당신이 정보를 공유하고 수평적 네트워크를 돈독히 하십시오"라고 말하고 싶습니다.

야마구치   무릇 조직이란 경영관리자가 위에서 아래로 정보를 내려 보내서 업무를 집행하는 구조가 전제되어야 하니까요. 수평적 네트워크를 강화하라는 건 관련 부서와 서로 협의해서 업무 성과를 내라는 뜻이나 다름없겠죠.

구스노키   그런 사람이 된다는 건 비즈니스맨의 안타까운 말로가 아닌가 싶습니다. 이런 분들도 분명 그 자리에 오르기까지는 활기차고 열정적으로 일하던 젊은 시절이 있었을 텐데 말입니다.

야마구치   그렇겠죠. 나이가 들면 일하는 능력이 떨어질 수밖에 없어요. 그래서 남아도는 운동 에너지를 위치 획득을 위해 사용하는 건지도 모르겠습니다.

●● 지위 추구는
인간의 본성일까

구스노키   오래전 일입니다만, 지금까지도 잊히지 않는 경험이 있습니다. 버블 붕괴 직후인 1990년대 중반에 모 은행에서 낮에 여는 연구회에 강연하러 와달라는 부탁을 받았습니다. 모임에 가보니 현역에서 은퇴한 할아버지들이 모여 있었는데 모두 왕년에는 한자리씩 하던 대단한 분들이었어요. 명함을 보니 '상담역'이라는 직함은 그나마 이해가 가는 편이었고 '명예 고문'이라든가 '사우社友(사원이 아니지만 회사와 관련이 있어 사원 대우를 받는 사람)'라고 쓰인 경우도 많았습니다.

야마구치   그분들이 매일 회사에 나오는 건가요?

구스노키   매일 나오더군요. 당시는 아직 은행이 한가로웠기 때문일 수도 있어요. 저는 그때 처음으로 '사우'라는 직함이 있다는 걸 알았습니다. 그래서 그분에게 "사우는 어떤 역할입니까?" 하고 여쭸더니 "아, 그건 말이죠. 친구예요"라고 대답하시더라고요. 사람의 친구가 아니라 회사의 친구인 셈이죠.

야마구치   회사의 친구라! 외로워서 그런 걸까요. 안타깝네요.

구스노키 집에 있어도 할 일이 없으니까 회사에 오는 거죠. 비싼 점심을 시켜 먹으면서 저 같은 애송이를 불러 이야기를 듣고 의견도 좀 내면서 시간을 보내는 겁니다. 그러고 나서는 "자네도 이런 기회는 별로 없을 테고, 우리도 나름대로 오랫동안 일해왔으니 자네 쪽에서도 묻고 싶은 이야기가 있으면 해보게나" 하더군요.

저는 '이 사람들과 두 번 다시 만나지 말아야지!' 하고 생각하고는 이렇게 물었습니다. "그렇다면 모처럼의 기회니 여쭙겠습니다. 여러분은 자신의 존재를 어떻게 정당화하고 계십니까?" 그런 당돌한 질문을 하다니 그땐 저도 참 젊었죠. 그런데 상대도 거물인지라 역시 도량이 크더군요. 화를 내지 않고 여러 가지 좋은 이야기를 들려주셨어요. 그중에는 전후 경제 부흥을 이끌었던 거물 은행가도 계셨습니다. 지금은 돌아가셨지만.

야마구치 정말 대단하군요.

구스노키 네, 일본경제사 교과서에도 실릴 정도로 유명한 은행가였어요. "자네는 젊어서 필시 지금 불쾌한 기분이 들 걸세. 자네가 높은 자리에 올라가본 적이 없기 때문이야." 그러고는 제게 출세한다는 게 어떤 것인지 알려주겠다더군요. "출세한다는 건 말이지, 자신의 몸이 빛나는 거야. 물론 정말로 빛이 나오는 건 아니고 자신에게 쏟아지는 관심과 주목을 반사하는 거지" 하고 말씀해주시더군요.

야마구치   재미있는데요.

구스노키   무척 의미심장한 말이죠. "아침에 고급 승용차를 타고 본사 정문
          까지 와서 차에서 내리면 '아, 은행장이다' 하고 주목을 받는다네.
          그렇게 사람들의 시선을 받으면 몸에서 빛이 나는 기분이 들거든.
          이 빛을 잃은 인간의 외로움을 출세해본 적이 없는 자네는 알 리
          가 없지." 얼마나 솔직하고 멋진 표현인가 하고 감동했어요. 저 같
          은 송사리 젊은이를 상대로 말이죠. 정말이지 한 시대를 주름잡던
          은행가의 매력에 사로잡혔습니다.

야마구치   외로우니까 모이고 싶은 거로군요.

구스노키   감동한 저는 한껏 들떠서 "높은 자리에 올라간 후에 외롭다는 건
          잘 알았습니다. 그래서 여쭙고 싶은데요, 혹시 수익자 부담주의로
          해나가는 건 어떻습니까?" 하고 제안했습니다. 회사가 외로운 당
          신들을 위해 유료 패키지를 제안한다면 어떻게 할 것인지를 물었
          던 거죠.

야마구치   패키지라니 어떤 의미인가요?

구스노키   그들에게도 이렇게 예를 들어 설명했습니다. "A코스는 회사에 와
          도 좋습니다. 사우 명함도 드릴게요. 다만 개인용 방은 없습니다.

하지만 외로움을 달래려는 여러분들이 수익자이므로 월 11만 원을 받겠습니다. 그 밖에 B코스, C코스가 있으며 스페셜 S코스는 지금까지와 같이 자동차도 제공해드리고 비서도 있으며 개인실도 마련됩니다. 그 대신에 이 코스는 회사로서도 상당한 비용이 드는 만큼 수익자인 여러분에게 연간 3억 원을 받겠습니다. 만일 은행에서 이런 제안이 온다면, 여러분은 사시겠습니까?" 그랬더니 "아마 사겠지" 하고 말씀하시더군요. "좀 더 싸게는 안 될까?" 하시면서요. 위치 에너지의 매력이란 게 인간에게 그만큼 중요하다는 사실을 그때 절실히 느꼈습니다.

에너지를 방출할 곳을 새롭게 만들어나가지 않으면 높은 자리까지 올랐다가 내려온 후 쓸쓸해하거나 힘들어하는 사람들이 더 많아질 겁니다. 그들이 딱히 나쁜 사람이거나 어리석어서 에너지 보존 법칙에 빠지는 게 아니라, 그것이 인간의 본성이기 때문입니다. 그래서 더욱 철저한 자기 경계와 자제, 규율이 필요한 것이기도 하고요.

야마구치   경영자들은 어떤 성향이나 자질이 있어서 경영자가 되는 것이겠지만, 그 성향이나 자질이 경영자라는 지위에서 물러난 후에 여러 가지 잘못을 하는 원인이라는 말이군요. 지위를 추구하는 에너지 수준이 높지 않고서는 경영자가 될 수 없으니까요.

일과 삶의
분배와 균형

구스노키 '일은 일'이라는 구분도 감각 있는 사람의 특징입니다. 일을 잘하는 사람의 공통점을 살펴보면 일하고 있는 자신을 객관적으로 바라봅니다. 물론 열정을 지니고 일을 하지만 한편으로는 '결국은 일이니까' 하는, 약간 냉철한 면이 있는 것 같아요.

일과 삶의 균형이라는 의미의 '워라밸^{work and life balance}'이라는 말에는 일과 삶을 대등한 관계로 병렬한다는 어감이 있습니다. 사실 좀 이상하죠. 정확히는 '삶의 일부분으로서의 일^{work as a part of life}'이잖아요. 삶이 일보다 더 포괄적인 상위 개념이니까요.

아무튼 워라밸이란 시간과 에너지의 분배를 뜻하는 거라고 생각하는데, 여기서 주목해야 할 핵심은 '의식의 분배'입니다. 인생에서 일이 차지하는 비중이 지나치게 크면 흥미나 관심, 또는 사물에 대한 시야가 편협해지고 일할 때 필요한 감각도 말살될 수 있습니다. 고도성장기에 회사를 위해 분골쇄신하던 일 중독자가 바로 그런 이미지죠. 그 시절에는 그렇게 일하는 것이 옳다고 여겨졌지만요.

야마구치 그래서 큰 조직일수록 높은 직위로의 인사이동이 있을 때, 운동에너지에서 위치 에너지로 변환시키는 방법이 중요합니다. 소니의 창업자 모리타 아키오^{盛田昭夫}나 혼다기연의 창업자 혼다 소이치로는 운동 에너지를 가진 채 조직이 그대로 큰 성장세를 이루었어요. 그들은 조직의 성장과 함께 자신의 위치 에너지도 올라가는 사람들이었어요. 하지만 오늘날에는 그런 사람이 나오지 않고 있습니다.

●● 학력주의 엘리트에게 감각이 부족한 이유

야마구치 한 가지 주목할 점은 시스템에 순응하는 사람일수록 계층성을 좋아한다는 겁니다. '노력한 만큼 높은 계층으로 올라갈 수 있다'라는 전제가 동기 부여가 되는 거죠.

구스노키 사회에 암묵적으로 설정된 규칙과 방향성을 충실히 따르기만 하면 위로 올라갈 수 있다고 믿는 세계에서는 감각이 말살될 수밖에 없죠. 관료 조직이나 보수적인 대기업 꼰대를 연상시킵니다.

야마구치 그런데 이런 구시대적인 업무 방식을 거부하고 혁신을 추구하는 것처럼 보이는 IT 벤처업계나 외국계 회사에도 실제로는 계층성을 중요시하는 사람이 의외로 많습니다. 어떤 스펙들을 쌓으면 어떤 위치에 올라갈 수 있다는 식의 성공 루트에 빠삭한 사람들이 엘리트층에 많으니까요. 얼마 전까지는 외국계 투자은행에 그런 이들이 몰렸고, 요즘에는 컨설팅회사나 스타트업에 많이 몰리죠. 일류 대학을 나오면 으스댈 수 있다는, 통념적인 사회 구조에 적응해온 것입니다.

그런데 1990년대에 들어서면서부터는 그와 같은 구시대적 조직 문화가 깨지기 시작했습니다. 자신이 획득한 사회적 지위나 위치로 거들먹거리기가 어려운 상황으로 시대가 바뀐 거죠. 그러자 그동안 학력주의에 편승해왔던 이들은 불안감을 느끼게 되었습니다. 그들은 어떻게든 으스댈 수 있는 대상을 찾으려 애쓰게 되었고, 그런 본능이 마운팅 같은 행동으로 연결되는 겁니다.

이를테면 같은 마운팅이라고 해도 대기업 사무실이 밀집해 있는 경제 구역과 시내 중심부의 문화 구역은 서로 양상이 다릅니다. 전자에서는 학력이나 회사의 인지도, 또는 기술로 마운팅하는 분위기지만 후자에서는 감각으로 마운팅하려는 사람이 많거든요. 많은 이들이 대화할 때 "그건 촌스러워", "이게 더 좋아" 하며 서로 감각에 서열을 매겨 디스하거나 칭찬하고 있어요. 애초에 감각에 서열을 매기고 싶어 한다는 것 자체가 이미 감각이 없다는 반증이지만요.

구스노키　"너는 그걸 좋아하는구나. 나는 이걸 좋아하는데" 하면 그만인데 말이죠.

야마구치　제 생각도 그렇습니다. 그런데도 각각 그 세계 나름의 서열이 있는 모양입니다. 예를 들면 누가 "이 옷, 패션디자이너 ○○○에게 칭찬받았거든"이라고 자랑하면 "좀 촌스럽지 않아?"라고는 절대 말하지 못하는 분위기예요. 그런 상황에서도 역시 사람은 권위주의에서 벗어나질 못하는 겁니다. 감각의 근거를 권위에서 찾고 있는 거죠.

Chapter

10

PERMUTATION: 시간의 깊이를 읽다

●● 시간적 깊이를 고려하지 않는
병렬적 사고의 문제

구스노키 앞서도 말했듯이 일을 잘하는 사람과 일을 못하는 사람을 대비해
서 살펴볼 때 쉽게 알 수 있는 특징이 있습니다. 일을 못하는 사람
은 항목별로 나열해 적기를 좋아한다는 겁니다. 해야 할 일을 줄
줄이 적어 목록 만드는 것을 아주 좋아하죠. 이러한 병렬적인 사
고의 문제점은 인과 관계의 역학을 고려하지 않는다는 데 있습니
다. 즉 시간적 깊이를 고려하지 않는 거죠. 병렬적 사고는 일의 감
각을 말살합니다. '그래서 목적이 뭔데?'라는 고찰이 제외되는 거
죠. 모든 일은 성과로 이어지지 않으면 아무 의미가 없습니다. 그
런데 병렬적인 사고에서는 성과로 이어지는 논리 전개가 사라지
고 없습니다.

'시간적 깊이'가 중요하다고 할 때의 시간이란 물리적인 시간이 아니라 논리적인 시간을 말합니다. 장기적으로 생각하라고 조언하면 "장기적이라면 얼마나요? 5년 이상으로 생각하면 되나요? 아니면 10년이요?" 하고 되묻는 사람이 있습니다. 물리적 시간에 대한 이야기가 아닌데 말입니다.

물리적인 시간으로 단 한 달 동안 벌어질 일이라고 해도 '이렇게 진행하면 뒤이어 이런 일이 일어날 것이고, 그런 후에는 이런 일을 할 수 있게 되겠다'라거나 '이번에는 이런 길이 열릴 것이니 이렇게 될 것이다'라는 식의 논리적인 시간을 말하는 것입니다. 논리란 어떤 것과 다른 것 사이의 인과관계이므로 거기에는 반드시 시간이 존재합니다. 논리는 항상 시간을 짊어지고 있어요. 제가 줄곧 중요하게 여기고 있는 '스토리로서의 경쟁전략'에서도 그렇습니다.

야마구치　　일본 속담에 "바람이 불면 통나무 장수가 돈을 번다"는 말이 있어요. 바람이 불면 모래 먼지가 일어나 장님이 늘어나고, 장님이 늘어나면 장님이 쓰는 현악기인 샤미센三味線 수요가 늘 테고, 그러면 샤미센의 재료인 고양이 가죽이 많이 필요하니 고양이가 줄어든다. 고양이가 줄어들면 쥐가 늘어나 나무통을 갉아먹으니, 통이 잘 팔려 통나무 장수가 돈을 번다. 이런 뜻을 담고 있죠. 이처럼 어떤 한 가지 일이 일어나면 돌고 돌아 뜻하지 않은 데에 영향이 미치게 마련이란 말씀이신가요?

구스노키 그와 비슷한 맥락입니다. 예컨대 현재 상황인 X에서 이상적인 상
태인 Y에 도달하기까지는 여러 층의 논리 단계를 거쳐야 합니다.
거기서 모두가 "그렇지, 좋았어. 우선 이것부터 해보고 최종적으
로는 이걸 목표로 하자" 하고 공감할 수 있는 개연성 높은 논리로
이어진 스토리가 바로 뛰어난 전략의 조건이에요. 논리가 없으면
의미가 전달되지 않습니다. 논리가 서지 않으면 설득력이 부족하
고, 결국 모두 동조해주지 않기 때문에 실행까지 갈 수가 없죠.

간단히 말해서 순서의 문제입니다. 알기 쉬운 예를 들어보죠.
따귀를 때리고 나서 안아주는 것과 안아주고 나서 따귀를 때리는
것의 차이입니다. 경쟁전략은 타사와의 차이를 만드는 것인데 차
이의 정체도 결국은 순서의 문제라는 게 오래전부터 제가 주장하
는 내용입니다.

야마구치 하나하나의 행위 그 자체의 차이보다는 순서가 큰 차이를 만들어
낸다는 것이군요.

구스노키 수학에서 순열과 조합을 배우잖아요. 앞서 말한 것을 조합해서 기
술하면 '따귀, 포옹'과 '포옹, 따귀'는 등호(=)로 연결할 수 있습니
다. 조합에는 시간이 들어 있지 않으니까요. 하지만 순열로 기술하
면 이야기가 달라집니다. '따귀 → 포옹'과 '포옹 → 따귀'는 전혀
다른 내용이죠.

시너지는 시간적 시퀀스를
보는 데서 나온다

구스노키   경쟁전략의 80퍼센트 이상은 타사와의 차별화에 달려 있습니다. 이것도 순열 문제로 대부분을 설명할 수 있지요. 무작정 '시너지'를 추구하자는 식으로 말하는 사람들이 많은데, 저는 그 말을 듣는 순간 그들의 센스를 의심합니다.

야마구치   어떻게 시너지가 나오는지 그 메커니즘을 알지 못한 채 무조건 시너지를 내야 한다고 강조하는 사람이 정말 많습니다.

구스노키   그런 사람은 머릿속이 모조리 조합 문제로 되어 있어요. '해야 할 일 목록' 전문가가 되는 겁니다. 항목별 기록 단계에서 모두가 떠올리는 수법은 대부분 비슷비슷합니다. 장사로 말하자면, '무엇을 팔아야 할까?' 고민할 때 지금까지는 전혀 없었던 혁신적인 물건, 남들과는 전혀 다른 독보적인 물건을 떠올리는 일은 거의 없죠. 진짜 일 잘하는 사람, 감각이 있는 장사꾼은 시간의 깊이를 고려해서 지금 팔면 최대의 이득을 얻을 물건을 찾아냅니다. 즉 진짜 차이는 시간적 시퀀스를 볼 줄 아는 눈에 달려 있지요.

야마구치   앞에서 이야기한 IBM의 루이스 거스트너나 맥도날드의 하라다 에이코의 사례가 그렇죠.

구스노키　거스트너와 하라다는 시퀀스로 승부하는 경영자의 전형입니다. 꽤 오래전에 어떤 대규모 소매업체의 경영자와 정기적으로 사업을 논의한 적이 있습니다. 경영자는 늘 제게 "이런 것을 고려해서 이 방침으로 추진해야겠는데 자네 생각은 어떤가?" 하며 의견을 물어보곤 했습니다. 그러다가 어떤 대형 프로젝트에 관한 이야기가 나왔어요. 요컨대 앞으로는 그룹의 '총력을 집결해서' 그 프로젝트를 추진하라는 이야기였죠.

　'총력을 집결하라'는 말이 나올 때부터 이미 우려가 되었는데 계획의 내용을 들어보니 요지는 '인터넷과의 현실적인 융합'이었습니다. 그 말을 들은 순간 저는 이건 말이 안 된다 싶어서 "이 방법으로 왜 이익이 날 거라고 생각하십니까? 무엇이 경쟁 상대에 비해 독자적인 가치가 된다는 거죠?" 하고 물었어요. 하지만 그 경영자는 오직 "아니, 앞으로는 인터넷과 현실이 융합되어야 해!"라는 말만 계속 되풀이했죠. 실은 경영자 자신도 어떻게 돈을 벌어야 할지 모르는 게 아닐까 하는 생각이 들었습니다.

　탁월한 경영자는 '처음부터 시너지 같은 건 없다. 시너지는 자신이 만드는 것이다'라는 사고를 갖고 있습니다. 결과적으로 시너지를 손에 넣을 수 있다고 해도 그것은 자신이 여러 가지 일과 상황을 어떤 시간 배열 속에서 조립해나간 결과로서 가능한 것임을 아는 거죠.

야마구치　경영자가 결과에 이르는 시퀀스를 그리다 보면, 그 시퀀스를 구성하는 조각에 부족한 요소가 보입니다. 그 결여된 요소를 자사의 힘으로는 준비할 수 없기 때문에 다른 회사와의 제휴나 합병으로 채우는 겁니다. 그런 작업을 총칭해서 시너지라고 부릅니다. 그런데 무턱대고 시너지를 외치기만 하는 사람은 그 시퀀스를 그리지 못하고 있는 겁니다.

●● 순열적 사고에는 스토리가 따른다

구스노키 저는 산토리홀딩스주식회사의 니이나미 다케시新浪剛史 사장이 실시하는 경영 인재 육성 업무를 오랫동안 돕고 있습니다. 2014년에 니이나미 사장이 대형 편의점 기업인 로손을 떠나 산토리에 취임했을 때는 위스키 브랜드 '짐빔Jim Beam'으로 유명한 미국 회사 빔Beam을 매수하기로 결정되어 있는 상태였어요. 총 매수 금액이 18조 원이 넘었기 때문에 산토리로서도 회사의 사활이 걸린 일생일대의 승부였죠. 이렇게 모든 계획이 정해져 있고 이를 어떻게 성공시키느냐 하는 기로에서 이제는 니이나미 사장에게 기대를 걸 수밖에 없는 상황이었습니다.

그 무렵 니이나미 사장과 대화를 나눌 기회가 있었는데, 그때 매우 인상 깊은 이야기를 들었습니다. 그는 기자회견에서 예상대로 "빔을 매수함으로써 얻을 수 있는 시너지 효과는 무엇입니까?"

라는 질문을 받았다고 합니다. 니이나미 사장은 "지금은 그 질문에 대답할 수 없습니다"라고 말하고서 이렇게 첨언했다고 합니다. "시너지 같은 건 없습니다. 시너지란 '자, 여기 있습니다' 하듯이 정해진 곳에 있는 게 아닙니다. 그래서 제가 만들러 온 것입니다." 저는 이 말을 듣고 이분이야말로 진정한 경영자라고 생각했습니다.

야마구치 시너지가 저절로 생겨나는 게 아니라는 사실을 니이나미 사장은 알고 있었던 거군요.

구스노키 정말 감탄했습니다. 빔은 상장기업이었기 때문에 전통 있는 회사로서, 어떤 의미에서는 이미 완성되어 있습니다. 그래서 최종적으로는 산토리 그룹과 시너지를 일으킨다 해도 그에 이르는 과정은 결코 만만치 않을 겁니다. 그런 상황에서 니이나미 사장은 우선 현장으로 갔죠. 현장 사람들을 만나서 '산토리는 이렇게 만들고 있는데, 빔의 방식도 꼭 배우고 싶습니다' 하는 자세로 접근했던 겁니다. 원래 빔의 사장은 현장에 얼굴을 내민 적도 없을 정도로 개발이나 제조 현장을 경시했다고 하더군요. 하지만 이 현장에는 예로부터 전해 내려오는 빔의 전통을 지키며 버번위스키를 만들고 있는 사람들이 있었던 겁니다. 이 현장을 니이나미 사장이 직접 찾아가자 현장 사람들은 감동했습니다. 무척 좋은 회사에 매각되었다고 여기게 된 거죠.

그렇게 현장 사람들의 마음을 사로잡은 뒤, 교토의 덴노잔^{天王山} 산기슭에 있는 야마자키(산토리에서 생산 판매하는 싱글몰트위스키 브랜드) 증류소에 빔의 임원들을 집결시켰습니다. 그곳에서 주조 작업에 투영되는 산토리의 장인 정신을 철저하게 공유했던 겁니다. 야마자키 증류소가 있는 곳은 주변에 아무것도 없는 마을이었어요. 그들은 그곳에서 사실상 발이 묶인 채로 산토리의 역사부터 모든 교육을 받았습니다.

　　최근에 와서 드디어 성과가 나오고 있습니다. 산토리에서 출시한 최고급 위스키가 전 세계적으로 성공을 거두고 있고, 위스키에 소다수를 타고 얼음을 넣어 마시는 술인 '하이볼'이 새로운 문화로 널리 확산되고 있습니다. 일본만이 아닌 전 세계에서 위스키 소비가 늘어나고 있죠. 또한 진을 온더록스로 마시게 된 것도 마찬가지고요. 이런 현상들은 분명 산토리와 빔의 시너지 효과로 이루어진 일들입니다. 하지만 이는 오랜 시간을 들인 경영이 강렬한 의지로 생성해낸 성과물이지, 결코 두 회사가 합병했다는 이유만으로 나온 시너지는 아닙니다.

야마구치　조합만 한다고 해서 저절로 생겨나는 시너지는 없으니까요. 전략의 결과로서 만들어진다는 사실이 중요합니다.

구스노키　그런데 왜 모두들 병렬로 정렬하고, 항목별로 기록하고, 할 일 목록을 만드는 방향으로만 가려고 하는 걸까요? 그 가장 큰 이유가,

시간이 눈에 보이지 않기 때문이 아닐까 싶습니다.

야마구치 스토리에는 반드시 시간이 들어 있으니까요.

구스노키 '시너지'만 주구장창 외쳐대는 윗분들과 대비되는 개념으로, 시간적 깊이가 있는 직렬 사고를 지닌 사람을 저는 '유능한 시니어'라고 부릅니다. 제 분야는 경쟁전략인데 출발점은 언제나 '경쟁 구도 속에서 왜 어떤 회사는 돈을 벌고, 어떤 회사는 벌지 못하는가? 그 논리는 무엇인가?' 하는 물음에 있습니다. 경영자와 대화하고 싶은 것도 어떻게 그리 돈을 잘 버는 것인지, 경영의 비결을 묻고 싶어서죠. 수익의 배후에 있는 스토리를 알고 싶은 겁니다.

'우리는 이런 일을 하고 있습니다 → 그러면 점점 이런 일을 할 수 있게 됩니다 → 이 일을 하는 동안에 고객도 이렇게 될 겁니다 → 그래서…' 하고 결론이 나오죠. 돈을 벌 수 있는 핵심 요인이 나오는 겁니다. 이런 사람이 바로 유능한 시니어입니다. 우리가 생각하는 '감각이 뛰어난 경영자'의 사고 회로죠.

야마구치 흐름이 있다는 것이군요.

구스노키 그렇습니다. 사고와 구상에 시간적 깊이가 있을 뿐 아니라 논리로 이어지고 있어요. 어떤 일본 회사가 프랑스 회사를 매수했는데 사업이 위태로워졌습니다. 이를 지원하기 위해 여러 사람을 프랑스로 보냈지만 모두 실패하고 돌아옵니다. 어려운 문제가 산적해 있으니 이 문제를 전부 정리해 기록하고, 담당자를 정해서 처리한다는 식으로 하나하나 해결해나가려고 한 겁니다. 그런데 이 방법이 전혀 효과를 내지 못한 것이죠.

마침내 마지막 카드인 에이스가 합류합니다. 일을 참 잘하는 사람이었어요. '일이 이 지경까지 왔으니 지금은 아무리 발버둥쳐도 어쩔 수가 없다. 우선은 이것만 철저하게 해보자. 나머지는 그냥 둬도 좋다. 이 단계만 잘 넘기면 다음 단계가 보일 테니까' 하는 방법을 취했습니다. 업무의 기초에 가까운 이야기지만, 우선은 지금 당면한 일에 집중하자는 겁니다. 이 문제가 해결되면 연쇄 작용으로 인해 다음은 저 문제가 자연스럽게 해결된다고 생각한 거예요. 이른바 '유능한 시니어'입니다.

현장 사람들에게 이야기를 들어보니 이 리더가 오고 나서 단박에 활기찬 분위기로 바뀌었다고 합니다. 순열로 사고하는 뛰어난 리더에게는 사람이 따르게 마련이죠. 거기에 스토리가 있기 때문입니다. 수치나 목표만 보고 사람들이 따라오지 않습니다. 사람들은 스토리를 따라옵니다.

같은 것을 다르게 보고,
보이지 않는 것을 본다

구스노키 성공한 사람들은 종종 이런 이야기를 합니다. "남들은 못 보고 있었지만 나는 거기서 돈을 보았다." 서 있는 곳에 따라 풍경이 다르게 보이듯, 관점을 바꾸면 같은 대상도 '다르게 보인다'는 의미입니다. 성공한 사람은 다른 사람이 알지 못하는 것을 알고 있다든가, 남이 하지 못하는 것을 할 수 있었기에 돈을 벌 수 있었던 겁니다. 이것이 전략의 출발점이니까요.

오릭스 회장을 역임한 미야우치 요시히코宮内義彦와 이런 이야기를 나눈 적이 있습니다. "오릭스는 어떻게 돈을 버는지 알기 힘든 회사입니다"라고 말하자 "자네 같은 사람이 금방 알 수 없으니 돈을 버는 게 아니겠나"라고 답하시더군요. 맞는 말씀입니다.

야마구치 보이지 않는 것을 볼 수 있는 거로군요.

구스노키 남들이 모르는 것을 알고, 다른 사람에게는 보이지 않는 것을 볼 수 있는 이유는 결국 자신만이 갖고 있는 스토리가 있기 때문일 겁니다. 자기 나름대로의 논리 구조와 스토리 속에 자신의 자리를 잡음으로써 개별 요소가 독자적인 의미를 갖기 시작하는 것이라고 생각해요.

인공지능처럼 일단 새롭고, 뭐든지 해결할 수 있을 것 같은 느낌을 주는 최첨단 기술일수록 그렇습니다. 예컨대 무턱대고 인공지능을 접목시킨다고 해서 모든 게 해결되지는 않습니다. 먼저 시간적 깊이를 고려한 스토리가 있어야 합니다. 그 스토리 가운데 특정 부분에 인공지능을 넣으면 다른 요소와 이어져 비용이 낮아지거나 이익이 생기듯이, 전체적인 배경 속에서 비로소 인공지능의 효과가 나오는 겁니다. 인공지능이라는 요소 자체에 의미가 있는 게 아니라 어떤 맥락 속에 놓이느냐가 중요합니다. 가치를 창출하는 것은 독자적인 스토리거든요.

야마구치   전략은 전부 '특수한' 해법입니다. 모두가 상황과 배경에 좌우되고 있어 일반적인 해답이란 없으니까요. 반대로 말하면 논리적 과정을 거듭해 다다른 해답이 타인과 같다면, 논리적으로는 옳더라도 그것은 최적의 해답이 아니라는 뜻입니다.

구스노키   저도 그렇게 생각합니다. 그래서 전략의 일반이론은 영원히 실현 불가능하다고 해도 과언이 아니지요.

CORE:
가려진 핵심을 꿰뚫어보다

●● '왜'라는 질문이 없다면
아무것도 아니다

구스노키 모범 경영을 좋아하는 사람은 그럴듯한 문구나 키워드에 금세 현
혹됩니다. 비장의 무기를 갖고 싶은 것이죠. 수요가 있으면 반드시
공급이 생깁니다. 어느 시대든 사람들을 부추기는 최신 무기가 나
오게 마련이거든요. 얼마 전에는 빅데이터였어요. 지금은 또 인공
지능과 사물인터넷, '무슨무슨 3.0' 같은 것이 유행입니다.

오래전 일인데 어떤 매체로부터 '상사商社 3.0'이라는 특집 기사
를 기고해달라는 부탁을 받았습니다. 그래서 저는 해당 키워드
를 넣어 '상사 3.0 같은 건 없다'라는 제목의 칼럼을 보냈죠. '상사
3.0'이 뭘까요. 일찍이 수입이나 수출이 거래의 중심을 이루던 무
렵의 상사가 1.0이고, 사업 투자와 경영 참가가 중심이 된 근래의

종합상사를 2.0이라고 한다면 그건 얼마든지 말이 됩니다. 그 둘 사이에는 명백한 차이가 있으니까요.

그런데 현재의 상사를 과연 3.0이라고 할 수 있을까요? 현재의 상사는 이전과는 질적으로 다른 차원에는 아직 이르지 못한 상태입니다. 확실히 새로운 변화는 있을지 모르지만 그렇게 세세한 부분까지 구분한다면 상사처럼 역사가 오랜 부문은 지금쯤 3.0이 아니라 '상사 30.0'이 되어야 할 겁니다.

야마구치 새로운 말을 만들고 싶어 하는 사람들은 어딜 가나 있죠.

구스노키 저는 그런 사람들에게 꼭 한마디를 해주고 싶습니다. "3.0이라고 말씀하시는데, 그렇다면 2.0은 무엇이었습니까? 3.0과의 본질적인 차이는 무엇인가요? 언젠가는 4.0도 나오겠군요" 하고 추궁하고 싶습니다. 이들이 말하는 3.0이란 '뭔가 새로운 것'이라는 뉘앙스에 지나지 않습니다. 결국 이런 세태는 전부 비장의 무기를 갖고 싶어 하는 수요와, 그에 상응해 비장의 무기를 보여주고 싶어 하는 공급 측의 이해관계가 서로 맞아 떨어졌기에 생긴 일입니다.

경제경영서에서도 '필살기'를 내세우는 책이 정말 많잖습니까? 스토리나 시퀀스 없이 오로지 한 개의 문구나 키워드를 내세워 독자를 현혹하고 있죠. 지금까지 경제경영서에 의존해왔다면 그야말로 헛된 노력을 한 것입니다. 쌓고 또 쌓아도 무너지는 모래성처럼 말입니다. 얼마 전까지만 해도 앞으로는 디지털 방식의 수평적 분업 모델의 시대가 올 것이며, 수직적 통합은 더 이상 통하지 않는다고들 했어요. 그런데 어느새 다시 수직적 통합의 강점을 간과해서는 안 된다고 말하기 시작합니다. 잘되지 않으면 잘되지 않은 이유를 파헤치기보다는 속 편한 말로 넘어가기 급급하고요. '왜'라는 질문이 쏙 빠져 있는 겁니다.

야마구치   유행하는 키워드를 이용하는 것도 일종의 마운팅이에요. 자신의 주장을 관철하기 위해 최신 키워드를 비장의 카드로 쓰는 겁니다. 평론가들은 최신 철학과 사상에서 나온 키워드를 이것저것 섞어서 의미 불명의 시시한 문장을 나열하길 좋아합니다. 뭔가 대단한 게 있다는 메시지를 보내려고 하는 거죠. 이와 같은 맥락입니다. '어떻게 하면 돈을 벌 수 있을까?'라는 문제에 맞닥뜨리고도 답변을 내놓지 못하니까, 느닷없이 최신 키워드를 들먹거리면서 뭔가 대단한 게 있는 것처럼 허세를 부리는 겁니다.

●● 그럴듯한 키워드 뒤에 가려진 스토리를 이해하라

구스노키   최근에 그럴듯한 키워드를 비장의 무기로 내세우는 것 가운데 대표적인 용어는 '서브스크립션subscription(정기 구독 서비스)'*입니다. 앞으로는 서브스크립션이 대세라는 거죠. 정액제 과금 구독 방식은 분명히 장점이 있고 다양한 성공 사례도 있습니다. 그 예로 자주 언급되는 것이 미국의 컴퓨터그래픽 소프트웨어 개발업체 어도비시스템즈^{Adobe Systems}의 서브스크립션화입니다.

어도비는 자신들의 소프트웨어를 패키지로 판매하던 전략을 버리고 대담하게 서브스크립션으로 전환했습니다. 이런 변화를 통해 매출과 이익을 모두 증대시키고 시가총액도 증가시켰습니다. 서브스크립션으로 어도비가 대담한 전환을 하고 매출 증대를 이룬 것은 맞습니다. 그 나름대로 사내에서 이익 상반 현상도 발생했지만 어도비는 그런 상황까지도 극복하고 확고하게 수익으로 연결시켰습니다. 훌륭한 전략이자 경영이라고 생각합니다.

하지만 이것이 정말로 '서브스크립션'으로 인한 성공인지는 조금 더 생각해볼 필요가 있습니다. 어도비의 성공은 서브스크립션 덕분이 아니라 포토샵^{Photoshop}과 같은 강력한 소프트웨어를 보유하고 있었기에 가능했다고 생각하거든요. 어도비의 강점은 단지 제품 사용자 수가 많다는 데 있지 않습니다. 다른 소프트웨어와는 비교할 수 없을 정도로 대체 불가능한 수준의 제품들을 보유하고 있기 때문입니다. 다시 말해 사용자들이 '포토샵이 아니면 일을 할 수 없다'고 생각하고 있는 겁니다.

어도비는 뛰어난 제품을 만들어 그것을 10년, 20년 넘게 판매

◆ 소비자가 필요할 때 원하는 물건을 개별적으로 구매하는 형태가 아닌, 일정한 비용을 지불하고 공급자가 큐레이션(개인 맞춤형 선별)한 상품이나 콘텐츠 및 서비스 등을 정기적으로 제공받는 형태의 서비스 모델.

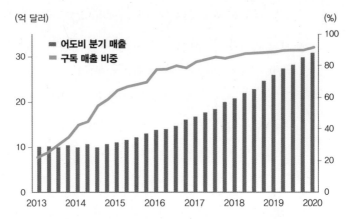

(억 달러)   (%)

■ 어도비 분기 매출
■ 구독 매출 비중

어도비는 서브스크립션 매출이 크게 성장한 2014년 3분기 이후 매분기 평균 5,000만 달러 이상 매출 성장을 달성하며 분기별 최고 기록을 갈아치우고 있다. 어도비 전체 매출 중 서브스크립션의 비중은 2011년 이래로 급증세를 이루었으며 2020년 현재는 전체 경상 매출의 90퍼센트 이상을 차지하고 있다.

하고 있으며, 그로 인해 어도비의 제품에 전적으로 의존하는 디자이너, 크리에이터가 전 세계에 수없이 많아졌습니다. 즉 어도비가 서브스크립션으로 성공할 수 있었던 이유는 '서브스크립션'이라는 새로운 사업 모델 덕분이 아니라, 양질의 제품과 다수의 충성 고객층을 이미 갖추고 있었던 덕분이지요. 인과관계를 제대로 따져보면, 어도비는 이런 조건이 사전에 갖춰져 있었기에 과감히 서브스크립션으로 방향을 돌릴 수 있었던 겁니다. 그때까지 어도비가 이룩한 전략 스토리를 모르고서 그저 모든 게 서브스크립션의 결과라고 말하는 사람은 정말이지 일에서 큰 성과를 내지 못할 겁니다. 맥락을 이해하지 못한 채 현상만 보는 사람이니까요.

일을 잘하는 사람의 생각은 어떻게 움직이는가

비장의 무기를 손에 넣으면 인간은 기분이 한껏 고양되고 안심하게 됩니다. 그러면 이익을 내는 데 있어 정말로 중요한 핵심, 일련의 논리 연쇄를 간과하게 됩니다. 빅데이터를 인공지능에 적용하면 모든 상관관계가 보일 것입니다. 하지만 거기에는 인과가 없습니다. 논리가 없는 거죠. 인과관계와 상관관계는 비슷한 것 같지만 전혀 다릅니다. 현상으로서 상관하고 있는 것도 거기에 논리가 없으면 아무런 의미가 없습니다. 결국은 인간이 하나하나 논리를 찾아내야만 차별화로 이어지는 행동을 취할 수 있는 거죠.

그런데 역설적이게도 정보가 늘어날수록 하나하나에 쏟아지는 관심은 줄어듭니다. 인과를 잃어가는 것이죠. '해야 할 중요한 일은 A와 B와 C예요'와 같은 병렬 사고를 해나가는 거라고 생각합니다. 바로 거기에 비장의 무기가 지닌 함정이 있습니다. 인공지능에게 '상관성을 파악해 가장 중요한 것만을 선택해서 가져오라'고 한다면 당장 가지고 올 겁니다. 하지만 아무래도 수가 너무 많겠죠. 인공지능에게 '의미 있는 상관성'을 찾아내게 하려면 인간이 미리 논리와 인과를 인공지능에 프로그래밍해두어야만 하니까요.

· 야마구치   인간은 의미를 모르면 동기 부여가 되지 않습니다. 인공지능이 파악해 산출해온 상관성의 결과물에도 인과가 깃들어 있을 가능성은 있습니다. 하지만 그 관계성이 드러나지 않으면 인간은 의미를 이해하지 못하고 동기를 찾아내지 못합니다. 당사자가 의욕을 느끼지 못하는 사업은 절대로 성공할 수 없어요.

●● 해답은 자신의
내면에 있다

구스노키 인공지능 시대의 업무 환경에서는 감각이 더더욱 중요해질 겁니다. 1939년 태어난 미국 조직행동학의 대가 칼 웨익^{Karl E. Weick} 교수가 쓴 『조직화의 사회심리학^{The Social Psychology of Organizing}』이라는 책이 아주 훌륭합니다. 제가 몇 십 년 전, 학생 때 읽고 무척 감명받았던 책인데 칼 웨익이야말로 감각파의 아버지가 아닌가 싶습니다.

야마구치 저도 예전에 읽었습니다. 상당히 두꺼운 책이었죠.

구스노키 서른 살 무렵의 일이었는데, 캐나다 맥길대학교에 계시던 헨리 민츠버그^{Henry Mintzberg} 교수가 리더로 있는 임원 교육 프로그램의 교수 연구회에 들어간 적이 있습니다. 프로그램 구성 작업을 설계부터 도왔는데, 민츠버그 교수가 칼 웨익 교수를 게스트로 불러 세션을 하나 만들고 싶다는 의견을 냈습니다. 경영학자로서는 민츠버그 교수도 정통 감각파거든요.

야마구치 칼 웨익 교수는 원래 심리학자 아닌가요?

구스노키 네, 조직심리학자입니다. 웨익 교수를 만날 수 있다니 저도 무척 기대가 되더군요. 민츠버그 교수는 '칼 웨익이 들어드립니다'라는 세션으로 기획하자고 제안했으며, 참가자는 다양한 회사의 관리자와 임원급이었습니다. 전원이 빙 둘러앉아 자신의 일과 관련한 아이디어나 오랫동안 해결하지 못한 문제를 비롯해 여러 가지 논제들을 웨익 교수에게 들려주는 겁니다. 이것이 웨익 교수의 능력을 발휘하는 데 가장 좋은 방식이라고 생각해서 우선은 웨익 교수가 사람들의 이야기를 듣기로 한 것이죠.

드디어 웨익 교수의 세션일이 다가왔고 수강생들은 다양한 주제로 이런저런 이야기를 했습니다. 세션의 성격이 웨익 교수가 정말로 '들어주는' 것이었던 터라 웨익 교수는 고개를 끄덕거리며 들어주고만 있었습니다. 그리고 세션 종료 시간이 다 되자 "자, 그럼 이만" 하고 돌아갔습니다. 순전히 듣기만 한 거죠. (웃음)

야마구치 　 오직 듣기만 했군요. (웃음)

구스노키 　 "정말 말 그대로, 칼 웨익 교수가 듣고만 계시네요"라고 말했더니 민츠버그 교수가 "이것이 비즈니스 교육의 궁극적인 모습이죠"라고 대답하셨어요. 실제로 모두가 만족스러워했습니다.

야마구치 　 정말로 만족했습니까?

구스노키 　 이상하게도 웨익 교수는 아무 말도 하지 않고 수강생들의 말을 들어주었을 뿐인데, 세션이 끝나자 수강생들이 의문이 완전히 풀렸다거나 답을 깨달았다는 소감을 들려주더군요. 굉장히 감동적이었어요. 단연코 궁극적인 감각이 아닌가 싶었습니다. 이야기를 들어주는 행위를 통해 모두가 의미를 형성한 겁니다. 만일 웨익 교수의 책을 읽지 않은 학생들만 참가했다면 그저 노땡이 와 있는 거나 다름없었겠죠.

하지만 거기 참가한 이들은 모두 자기 나름대로 의미를 형성해 나갔습니다. 웨익 교수가 지니고 있는 강렬한 배경이라든가 그의 논리가 수강자들의 머릿속에 이미 들어 있으니까요. 그런 뒤에 모두들 자신이 하는 일에 관해 생각하고 그 상황과 스토리 속에서 "웨익 교수님, 이것이 문제의 열쇠라고 생각합니다" 하고 말했어요. 그런 말을 할 때 답은 이미 나와 있었던 것이죠. 마지막에 웨익 교수가 한마디로 "음, 그렇겠군요" 혹은 "그렇죠" 하며 납득하는 걸로 끝맺음을 했습니다. 그것이 궁극의 결론인 거죠.

야마구치 그런 데서는 '파워포인트를 사용할 수 없다'는 것이 포인트겠군요. (웃음)

구스노키 그러고 보니 그러네요. (웃음)

야마구치 파워포인트는 2차원 평면에 정보를 정리해서 보여주는 도구이므로 아무래도 정보를 병렬로 보여주게 되죠. 현재 상황에 관한 과제나 미래를 위한 구체적인 대책 같은 제목 아래 자리한 2차원 평면에 정보가 병렬로 들어갑니다. 본래의 사고는 시간 축에 따라 순차적으로 전개되므로 파워포인트를 사용할 경우에는 이들 정보를 시간 축으로 다시 구성해서 설명해야 합니다.

구스노키 맞습니다. 말씀하신 대로예요.

야마구치 한편 다른 사람이 자신의 이야기를 들어주면, 자신이 말하는 동안 지금까지 스스로 정리되지 않았던 시간축이나 논리의 시퀀스가 보이면서 점점 구체화되는 것이죠.

구스노키 파워포인트도 시간적인 전개를 효율적으로 생각하면서 사용할 수 있으면 좋겠어요. 하지만 그렇지 않을 경우 파워포인트의 기능이 고급화되어갈수록 모든 템플릿이나 디자인을 그대로 이용하면서 안주하게 될 겁니다. 그렇게 되면 항목별로 병렬해서 기록하는 사고를 촉진하겠죠. 병렬이 아니라 직렬이 중요한데 말입니다. 그런 의미에서 템플릿은 확실히 감각을 말살시킵니다.

●● 무능할수록 비장의 무기를
강조한다

야마구치 알파벳으로 약자를 나열한 키워드가 5년에 한 개꼴로 나오고 있잖습니까? 최근에는 OKR^{Objective and Key Result}(목표와 핵심결과지표)이나 OODA(관찰Observe, 방향 설정Orient, 결정Decide, 실행Act의 약자를 딴 것으로 목표달성을 위한 4단계를 일컫는 말)를 그 전형적인 예로 들 수 있어요. 그 이전에는 BPR^{Business Process Reengineering}(업무과정 재설계)이나 ERP^{Enterprise Resource Planning}(전사적 자원관리)가 있었죠. 보다 더 거슬러 올라가면 CRM^{Customer Relationship Management}(고객관계관리)과 SFA^{Sales Force Automation}(영업 자동화)가 한창 주목을 받았습니다.

어떤 키워드든지 말하고자 하는 뜻은 뻔한데 그것을 마치 새로운 콘셉트인 양 미끼를 던져 팔려고 하는 사람이 끊이질 않습니다. 게다가 마치 기다렸다는 듯이 또 덥석 미끼를 무는 사람들이 계속해서 나오고 있고요.

구스노키 애초에 헛된 노력입니다. 그것은 결국 공급 측의 판촉활동이나 상품 포장 같은 이야기니까요. 그들은 반드시 전략으로 마케팅을 하거든요. 게다가 알파벳 약자로 된 단어를 말하는 일을 좋아하는 사람도 적잖게 있는 것 같습니다. 그런 단어만 말해도 뭔가 대단한 지식을 자랑하는 것 같은 기분을 느끼는 거죠. 이제 유행이 좀 지났습니다만, 한때 '플랫폼'이란 말도 많이 썼잖아요. "앞으로는 플랫폼이 패권을 장악할 것이다" 같은 식의 말을 하기만 해도 모두 좋아했죠.

야마구치 '신조어를 자유자재로 사용하고 있는 능력 있는 나'의 이미지에 도

취하는 거죠.

구스노키   GAFA(Goole, Apple, Facebook, Amazon의 첫 글자를 딴 단어)는 메가플랫포머
로서 대단하게 여겨지고 있습니다. 어쨌든 모두들 GAFA라고 말
하고 싶어 미치는 겁니다. 약자를 써서 GAFA라고 한 단어로 묶
어 표현하지만 본래 구글, 애플, 페이스북, 아마존은 사업 내용이
전혀 다릅니다. 이것을 하나로 묶어 플랫포머라고 말하는 것은 철
도회사와 운수업체, 그리고 영화 〈트랜스포터^{The Transporter}〉를 하나로
묶어 '트랜스포터'라고 부르는 것이나 다름없습니다.

　　GAFA 네 개 회사의 연말 결산 보고서와 SEC^{United States Securities and}
^{Exchange Commission}(미국증권거래위원회)에서 공표하고 있는 자료를 단 1년분
만이라도 좋으니 꼼꼼히 읽고 비교해보라고 권하고 싶습니다. 인
터넷에서 바로 다운로드할 수 있어요. 이들 네 개 회사는 전략도
수익 구조도 전혀 다른 기업이라는 사실을 잘 알 수 있을 겁니다.

　　하지만 이런 사업 내용을 살펴보지도 않고 무조건 결론을 내리
듯 '앞으로는 플랫폼의 시대'라고만 외치니 정말 공허합니다. 일본
의 대규모 유통 그룹인 이온^{AEON}과 미국 월마트^{Walmart}, 그리고 세븐
일레븐도 플랫폼이라면 플랫폼이지 않습니까. 일본의 철도회사인
JR동일본도 그렇습니다. 그만큼 많은 플랫폼을 갖고 있는 회사가
또 어디겠습니까.

야마구치   틀림없는 플랫폼이죠. (웃음)

구스노키   역시 인간은 귀차니스트인가 봅니다. 웬만하면 머리를 쓰는 수고를 하고 싶어 하지 않죠. 그래서 한 문구나 키워드로 이해하려고 하는 겁니다.

야마구치   필살기를 찾으려 애쓰고 비장의 무기에 의존하는 겁니다. 그런 건 없다고 아무리 말해도 필살기에 대한 미련을 버리지 못하는 것 같아요. 아까 말한 OKR이나 BPR, 플랫폼, 시너지 같은 최신 용어를 쓰면 자신이 능력 있는 사람처럼 보일 거라는 생각이, 비판 없이 그 단어들을 쓰게 만듭니다. 듣는 사람도 괜히 반론하지 않는 게 좋겠다는 생각이 관성처럼 몸에 배게 되고요. 굳이 따지려 들지 않는 거죠.

구스노키   앞에서도 나온 프락시 말입니다만, 키워드가 프락시되고 마는 겁니다. 사실은 업무에서 성과를 올리는 것이 목적인데 그 목적이 어느새 개인적인 우월감을 드러내는 것으로 바뀌고 만 겁니다.

야마구치   IBM의 재건 계획을 발표할 당시 거스트너와 기자가 나눈 대화를 살펴볼까요. 기자들은 거스트너가 내세운 재건 계획이 평범하고 원론적인 이야기뿐이라고 지적했습니다. 당시 유행하던 경영 키워드, 즉 '비전 경영'이니 '분할', '애자일' 또는 '감량 경영' 같은 말이 전혀 나오지 않은 데 놀란 거죠. 하지만 현금흐름을 개선해서 집중치료실에서 나오겠다는 단순하고도 심각한 문제를 안고 있던 거스트너에게는 유행하는 용어를 들먹이는 기자야말로 무책임하게 보였던 것입니다.

DIRECTIVITY:
모든 것은 내면의 동기에서 시작된다

●● 인사이드 아웃 vs
　　아웃사이드 인

구스노키　비장의 무기나 필살기 같은 것을 추구하는 근본적인 이유는 무엇
일까요? '인사이드 아웃^{inside out}'과 '아웃사이드 인^{outside in}'이라는 사고
양식의 차이에 그 분기점이 있다고 생각합니다.

　　아웃사이드 인은 적정한 해답이 어딘가에 있을 테니 전체적으
로 폭넓게 외부에 있는 정보를 조사하고 거기서 좋은 것을 찾아내
문제를 해결하려고 합니다. 인터넷을 비롯한 IT는 아웃사이드 인
성향인 사람에게는 최고의 도구예요. 기술의 발전은 인간의 사고
를 아웃사이드 인의 방향으로 유도하는 면이 있기 때문이죠. 그리
고 이러한 아웃사이드 인 성향이 감각을 말살하는 요인으로 작용
하는 것이 아닐까 싶습니다.

아웃사이드 인인 사람은 앞으로 어떻게 될 것인지를 무척이나 알고 싶어 합니다. 어떻게 될지 알아낸 뒤에 수많은 선택지 가운데서 옳은 해답을 고르려고 합니다. 그래서 미래 예측이니 앞으로 사라질 직업이니 하는 주제를 좋아합니다. 2030년에는 이렇게 된다든가 하는 것들이요.

야마구치   그런 예측은 거의 들어맞지 않잖아요.

구스노키   네, 저는 그런 미래 전망서를 수집하고 있습니다. 1999년에 출간된 『2015 일본 대예측』 같은 책을 지금 읽으면 꽤 재미있습니다. 지금과 전혀 맞지 않는 내용이 쓰여 있거든요. 1999년 시점에 예상한 대로라면, 지금쯤 일본에서 종합상사는 사라졌어야 하죠. 미래 예측에 관한 책을 읽고 싶어 하는 건 아웃사이드 인의 사고양식 때문이 아닐까 싶습니다. 외부 세계를 널리 알면 어딘가에 최적의 답안이 있을 거라는 전제가 깔려 있으니까요.

야마구치   요컨대 답을 알려달라는 겁니다. 스스로 생각하기 귀찮고 번거롭거든요. 컨설팅회사에는 미래 예측을 목적으로 한 프로젝트 의뢰가 굉장히 많이 들어옵니다.

구스노키   그럴 겁니다. 역시 그런 수요가 강하죠.

야마구치　저도 이런 예측 작업이 무슨 의미가 있나 싶습니다. 엄청난 역설이에요. 예측할 수 있는 미래에 의미는 없으니까요. 예측할 수 없는 미래에 가치가 있죠. 하지만 예측할 수 없는 미래란 어떻게 해도 예측할 수 없습니다.

구스노키　정의만 보아도 그렇습니다.

야마구치　세계 금융 위기를 가져왔던 리먼 쇼크는 2008년 여름 무렵부터 확실시되었습니다만, 저는 그 1년쯤 전부터 전 세계의 싱크탱크와 금융기관이 내놓은 경제 예측 자료를 모아 조사한 일이 있습니다. 거의 대부분이 경기 성장세가 계속될 거라고 전망했죠. 극히 일부에서는 '위험하다'고 경고한 사람도 있었지만 극소수의 의견이라 무시되었습니다. 이것은 패러독스입니다.

　　예측할 수 있는 미래에 의미가 없는데도 컨설팅회사에 10억 원 넘게 지불하면서 미래 예측을 의뢰합니다. 과연 그 예측대로 되었다고 한다면 그다음에는 특별한 일이 아무것도 일어나지 않습니다. 반대로 예측이 빗나갔을 때는 굉장히 심각한 사태가 벌어질 테지만 그것은 누구도 예측할 수가 없는 거죠. 간혹 예측하는 사람이 있다고 하더라도 굉장히 별난 사람으로 취급받거나 무시당하기 일쑤입니다.

구스노키　미래 예측이라는 작업은 본인에게는 매우 기분 좋은 일이죠.

'이것'이 없는 한
누구도 승리할 수 없다

야마구치 일본 최초의 검색 엔진 서비스는 1995년에 일본전신전화주식 회사^{NTT}가 시작한 'NTT 디렉터리'였습니다. 야후재팬$^{Yahoo\ Japan}$이 1996년 4월에 서비스를 개시했으니 야후는 후발주자였던 셈입니다. 당시 NTT 연구소에서는 도쿄대학교 수학과 출신의 박사 학위 보유자들이 모여 검색 엔진을 만들었는데 결과는 대참패였습니다. 또한 전자상점이나 전자상거래 분야에서는 아마존이 서비스를 내놓은 바로 그 시기에 IBM이 '월드 애비뉴$^{World\ Avenue}$'라는 인터넷 쇼핑몰을 개시했습니다.

구스노키 그랬죠.

야마구치 이것은 회사의 인재 등용법에 관한 이야기이기도 합니다. 인재는 물론 자금과 기술, 네트워크, 그리고 브랜드까지 전부 갖추고 있는 NTT나 IBM과 비교하면 당시 야후재팬과 아마존은 아무것도 없었습니다. 벤처캐피털로부터 간신히 투자를 받은 데다 인재도 브랜드도 없고, 네트워크나 기술도 없었죠. 이는 마치 거인 골리앗과 다윗의 싸움 같았습니다. 하지만 결과적으로는 다윗 격인 야후재팬과 아마존이 승리하고 거인 NTT와 IBM은 처절하게 무너졌습니다. 블록버스터^{Blockbuster}와 넷플릭스^{Netflix}의 관계도 마찬가지입니다.

이때 패배한 기업들에겐 무엇이 부족했던 걸까요? 그 요인은 단 한 가지, 동기 부여입니다. NTT와 IBM에는 사명은 있었을지 모르지만 결정적인 동기가 결여되어 있었어요.

구스노키 본심으로는 그 정도로 하고 싶지 않았던 것입니다.

야마구치 상사에게 일이니까 수행하라는 지시를 받습니다. "미국에서 검색 엔진이라는 걸 시작했다고 하는군. 우리도 만들기로 결정했으니 어서 수행하게"라는 상사의 지시에 모두 성실하게 관련 자료를 조사합니다. 이는 외부로부터의 아웃사이드 인 상태입니다. 시찰도 가고 많은 정보를 수집해서 '기술적으로는 간단해. 이 정도야 식은 죽 먹기지' 하고 만만하게 보는 겁니다. 하지만 인사이드 아웃인 사람은 '세상을 완전히 뒤바꿔주겠어!' 하는 열정으로 호시탐탐 기회를 노리고 있습니다. 상대가 되지 않죠.

●● 거인 블록버스터를 항복시킨
넷플릭스의 저력

구스노키 IT 기업의 사례 가운데서 저는 넷플릭스 이야기가 매우 흥미롭습니다. 특히 초창기의 경영에 관한 내용이 아주 재미있는데, 지나

키팅^{Gina Keating}의 책 『넷플릭스, 스타트업의 전설』에 인터넷 스트리밍을 하기 전의 넷플릭스 역사가 쓰여 있어요.

야마구치   DVD를 대여하던 시절의 이야기로군요. 초기의 넷플릭스는 블록버스터와 마찬가지로 평범한 점포형 대여점이었습니다. 하지만 매출 실적이 형편없었죠.

구스노키   그렇습니다. 사업적으로 성과를 낸 것은 우편으로 DVD를 대여하면서부터입니다. 손님이 인터넷으로 주문한 DVD를 봉투에 넣어 우송하고, 다 본 DVD는 봉투에 넣어 돌려받는 시스템이었죠. 그런 사업 형태로 10여 년간을 유지했습니다. 회사 이름은 처음부터 '넷플릭스'였는데 그 사실이 의미하는 바는 크다고 할 수 있어요.

창업 초창기부터 현재에 이르기까지 콘셉트가 바뀌지 않았습니다. '고객이 여러 가지 제약에 구애받지 않고 보고 싶은 방송 프로그램을 보고 싶을 때 보고 싶은 장소에서 볼 수 있게 한다.' 실로 단순한 콘셉트입니다. 그런 서비스를 제공하는 회사로 존재하고 싶어서 처음부터 일관된 콘셉트를 유지했던 겁니다.

당시는 기술과 인프라의 제약으로 온라인 콘텐츠 스트리밍은 불가능했습니다. 하지만 사업의 본질적 목적은 지금과 같았어요. 단지 그 수단이 DVD 우편 배송이었던 것뿐이죠. 그나마 이것도 DVD 시대가 되어 비로소 가능해진 것이에요. 그 이전의 비디오테이프는 크기도 큰 데다 재질이 약해서 봉투에 넣어 우편 발송을 하기가 어려웠습니다.

야마구치   그랬겠군요.

구스노키   경쟁사는 실제 점포를 다수 보유하고 있는 블록버스터였습니다. 당시 블록버스터는 넷플릭스와는 비교도 할 수 없을 정도로 막강한 상대였죠. 그로부터 10년에 걸친 블록버스터와의 치열한 싸움이 이 책의 주제인데 아주 흥미롭습니다. 블록버스터도 바보가 아닙니다. 우수한 경영팀이 필사적으로 대책을 고안해내고 넷플릭스에 대항했지만 실패하고 맙니다. 투자가 칼 아이컨Carl Icahn의 펀드가 투입되고, 경영권 분쟁 끝에 존 안티오코의 후임으로 제임스 키이스를 외부에서 영입하면서 야기된 혼란 끝에 몰락의 길을 걷습니다. 기업 몰락의 아주 흔한 과정을 겪게 되죠.

결국 블록버스터는 2013년에 도산하고 마는데, 한때는 도전자인 넷플릭스를 궁지로 몰아넣는 상황까지 간 적도 있었습니다. GAFA의 뒤를 잇는 대단한 회사로 인지되고 있는 넷플릭스의 강점은 DVD를 봉투에 넣어 우송하던 시대에도 전부 있었습니다. 그 경쟁력 구축의 과정이 그렇게 흥미로울 수가 없습니다.

고객의 입장에서 다시 볼까요? 익숙한 블록버스터 대여점에 가면 신작이나 화제작이 잔뜩 진열되어 있죠. 반면에 넷플릭스 점포에는 신작이 없습니다. 물론 재고를 많이 갖고 있기는 하지만 모두 인터넷으로 주문하기 때문에 신작은 금세 다 없어집니다. 그러면 도서관처럼 대여 순서를 기다리게 된 고객은 불평을 하게 됩니다.

이 상황을 해소하기 위해 신작의 재고를 더 늘리면 되지만 신작의 입고 가격은 높습니다. 당시의 넷플릭스가 감당하기에는 버거웠어요. 블록버스터는 콘텐츠 제조사와의 연대 관계도 단단하고 입고할 재력도 있습니다. 그런데 신작은 단번에 붐이 일어 회전된 후 급격히 인기가 떨어져 금세 불량 재고로 쌓이게 됩니다. 한정된 자금과 재고로 고객을 만족시키기 위해서는 어쨌든 구작을 대여하도록 유도해 대여 작품을 평준화하는 것이 약자가 강자에 대항할 수 있는 열쇠임을 넷플릭스는 깨달았죠. 그것이 신작에 중점을 두는 블록버스터와의 차별화였습니다.

그럼 이제 어떻게 해야 할까요? 고객이 어떤 영화를 어떤 순서로 보고 어느 정도의 기간 안에 반납하며, 다음에 무엇을 빌렸는지를 상세히 조사하면 취향과 패턴을 파악할 수 있습니다. 원시적인 방법이지만 이렇게 해서 메일로 고객을 유도하면, 구작 대여율을 높일 수 있죠. 그들은 그렇게 하면 비싼 돈을 내고 신작을 사입해도 회전이 잘 될 거라고 내다본 겁니다.

이렇게 절실한 이유로 넷플릭스는 고객의 행동과 선호하는 영화에 대한 정보를 모아서 분석하기 시작했습니다. 이 연장선상에서 현재의 스트리밍 넷플릭스의 강점이 결실을 맺게 된 것입니다. 역사를 거슬러 올라가 보면 지금의 넷플릭스가 왜 강한지를 비로소 이해할 수 있습니다.

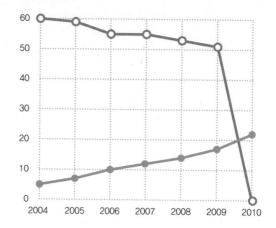

넷플릭스와 블록버스터의 2004~2010년 연간 수익 추이 비교. 1985년 설립된 블록버스터는 한때 미국 전역에 3,000여 개 매장을 비롯해 전 세계 9,000여 개의 체인점을 가지고 전성기를 구가했으나, 일찍이 온라인 사업의 저력을 알아본 넷플릭스와는 달리 매장을 기반으로 하는 오프라인 운영 방식을 고집하다 결국 2013년 도산하고 말았다.

그런데 이런 역사를 모른 채 피상적인 현재의 상황만 본다면 그 기업을 제대로 알기 어렵습니다. 규모가 확장되고 있으며 상당한 자금의 예산을 투자해 콘텐츠를 만들어 화제작으로 상을 수상하고 있다는 사실만 주시하면, 어떻게 해서 이런 회사로 성장한 것인지 전혀 알 수 없죠. 넷플릭스가 지금 하고 있는 사업의 본질은 DVD 대여 시절과 다르지 않습니다. 넷플릭스가 최강의 스트리밍 기업으로 성장할 수 있었던 이유는 데이터 마케팅을 압도적으로 오랜 세월 동안 지속해왔기 때문입니다.

야마구치 상당히 고전을 겪은 회사로군요.

구스노키 절대약자였으니 고생은 이루 말할 수 없었죠.

야마구치 그때마다 거창한 키워드를 내세운 비전이나 미션에 휘둘리지 않고, 오직 어려운 상황에서 어떻게 살아남을 수 있을지를 굉장히 깊이 생각했을 겁니다.

구스노키 블록버스터에 대항할 방책이 고객 취향을 해독하고 주문을 유도하는 알고리즘밖에 없었습니다. 절박했던 만큼 진지해졌던 거죠. 아마존에 먹히지나 않을까, 블록버스터에 당해 쓰러지지나 않을까 하는 걱정 속에서 살얼음판 위를 걷듯이 한 발짝 한 발짝 앞으로 나아갔습니다. 그러면서 단련된 겁니다. 그런 악전고투의 과정도 없이 대세에 편입해 '앞으로는 콘텐츠 디지털 전송으로 서브스크립션이다!' 하고 무의미한 메시지만 내세우는 것과는 완전히 차원이 다르죠. 알맹이가 있습니다.

넷플릭스는 지금도 비즈니스의 생명이라고 할 수 있는 데이터 관리를 인공지능에만 전부 맡기지 않습니다. 작품마다 분석한 특징을 태그로 붙이는 방법을 자신들만의 비법으로 삼았죠 현재까지도 일일이 작품을 나타내는 데 최적의 '태그'를 입력해 붙인다고 합니다. 넷플릭스에는 이 태그 관리를 전문으로 하는 팀이 있습니다. '태거'라고 불리는 이들 정직원이 미국의 로스앤젤레스와 로스

가토스를 거점으로 활동하고 있죠. 작품에 관한 사항을 하나하나 세세하게 살펴보고 사람이 태그를 붙이는 겁니다. 이 과정을 굉장히 철저하게 다루고 있습니다.

●● 자신만의 논리와 스토리로
무장한 인사이드 아웃

구스노키   아까도 잠깐 언급했지만 '아웃사이드 인'인 사람 중에는 "아무튼 우린 안 돼!"라고 말하기를 무척 좋아하는 사람이 있습니다. "이젠 한물간 콘텐츠야"라거나 "고령화 현상 때문에" 또는 "정부 규제가 너무 심해서"라는 말을 자주 내뱉습니다. 나무만 보고 숲을 보지 않는 것이 아니라, 반대로 숲만 보고 나무를 보지 않는 사람들입니다. 그래서 모든 일을 환경과 상황 탓으로 돌리죠. "상황이 안 좋은 탓도 있겠지만, 그 상황이라는 건 당신의 비즈니스에만 해당하는 게 아니에요. 모두가 같은 상황 속에 있습니다. 그런데 왜 상황 탓만 하는 건가요" 하고 말해주고 싶어요.

　　숲만 보고 나무를 보지 않는 정도가 아니라 심지어 하늘만 보느라 숲조차 보지 않는 정도입니다. 조금만 일이 잘 풀리면 정부 정책이 성과를 가져왔다고 좋아하고, 조금이라도 삐걱거리면 정부 정책이 실패했다고 비난합니다. 결국 자신이 어떻게 하고 싶다는 건지 전혀 알 수가 없어요. 아웃사이드 인의 비참한 말로입니다.

아웃사이드 인

- 외부 정보에서 답을 찾는다
- 업무 지시를 성실히 따른다
- 계획이 완성되어야 실행한다

인사이드 아웃

- 자신의 논리에서 답을 찾는다
- 자신이 세운 목표를 따른다
- 우선 실행하고 계획을 수정한다

고도성장기의 환영에 갇힌 이들은 인구가 늘지 않는다는 둥 이런저런 불만을 터뜨리고 있습니다. 실제로는 고도성장기가 정상이 아니었던 것인데, 그때의 환경 조건에 사고가 멈추어 있는 것이죠.

야마구치   그런 사람들일수록 환경 조건에 관한 지식은 넘쳐서 평계와 설명이 굉장히 많습니다. 심리학 용어로는 '외벌적'이라고 하죠. 나쁜 일이 있으면 '외부'에서 원인을 찾고 책임을 남에게 돌리는 사람을 일컫습니다.

구스노키   일을 잘하는 사람의 사고는 인사이드 아웃에 중점을 두고 완전한 미래 예측은 할 수 없다는 걸 인정합니다. 정보는 불완전해도 우선 자기 나름대로의 논리와 스토리가 있고 나름의 행복한 결론이 보입니다. 물론 알지 못하는 것도 많지만 '모르면 나중에 배워서 활용하면 된다'는 식으로 생각하는 것이 인사이드 아웃의 사고방식입니다.

아웃사이드 인의 사고방식은 사용하지 않는 부품처럼 재고가 엄청나게 쌓여 있지만, 인사이드 아웃은 토요타 생산 시스템처럼 필요한 부품을 필요할 때 가지러 갑니다. 게다가 완성된 자동차의 이미지가 이미 다 만들어져 있습니다. 이 차이는 상당히 크죠.

야마구치 궁극의 인사이드 아웃 사례가 떠오르네요. 저는 색소폰 연주자 존 콜트레인^{John Coltrane}의 일화를 좋아합니다. 콜트레인이 트럼펫 연주자인 마일스 데이비스^{Miles Davis}의 밴드에 들어갔던 젊은 시절의 이야기예요. 자신의 밴드니까 당연히 중요한 무대에는 마일스 자신이 올라가 연주하고 싶어 했어요. 그런데 콜트레인의 솔로 연주가 길어졌습니다. 좀처럼 끝내지를 않는 거예요. 순회공연 도중에 마일스는 결국 화가 나서는 콜트레인을 불렀죠. "요즘 자네 독주가 너무 길잖아!" 하고 마일스가 화를 내자 콜트레인은 진지한 표정으로 "어떻게 연주를 멈춰야 할지 모르겠어요"라며 오히려 상담을 청하더랍니다.

구스노키 재미있네요.

야마구치 　콜트레인의 이 고민에 대한 마일스의 대답이 또 걸작입니다. 그는 "연주를 멈추고 싶으면 색소폰을 입에서 떼라고! 알겠나?" 하고 조언했습니다. '색소폰을 입에서 떼면 연주를 멈출 수 있다고? 그건 그래' 하고 생각하며 다시 무대에 올라갔지만 이번에도 역시 콜트레인은 연주를 멈추지 못합니다. 독주가 끝날 기미를 보이지 않자 마침내 관객들도 참지 않았죠. "당신 연주가 너무 길어. 마일스의 트럼펫 소리를 듣고 싶단 말이야!" 화가 나서 야유를 퍼붓기 시작한 겁니다.

　　대기하던 마일스도 격분해 무대에서 내려갔고, 마일스가 내려가자 관객들도 돌아가기 시작했죠. 이는 실제로 뉴욕의 아폴로 시어터에서 있었던 일화입니다. 관객도 다 돌아가고 마일스도 없습니다. 다른 멤버도 모두 돌아가 무대의 조명도 꺼졌습니다. 그런데도 콜트레인은 혼자서 계속 색소폰을 불고 있었답니다. 저는 이 일화를 너무 좋아하는데, 이것만으로도 콜트레인은 최고라는 생각이 들었어요.

구스노키 　정말로 궁극의 인사이드 아웃이네요. 마음속에서 저절로 솟아나서 멈출 수가 없는 거군요.

생각은 안에서 밖으로, 행동은 위에서 아래로

야마구치   인사이드 아웃과 아웃사이드 인의 대조적인 사례로 이해하기 쉬운 이야기는 로알 아문센Roald Amundsen과 로버트 스콧Robert Scott의 남극 탐험입니다. 이 경주에서는 결국 아문센이 압승하는데 그는 사기꾼이나 다름없었어요. 원래 '북극에 가겠다'고 해서 자금을 모은 거였으니까요.

구스노키   그랬습니까?

야마구치   그렇습니다. 아문센은 북극에 가겠다며 스폰서를 모았습니다. 그의 모국인 노르웨이는 북극에 가까웠습니다. 배와 스폰서도 구하고 대원도 모집했어요. 그렇게 출발을 앞둔 한 달 전에 미국의 탐험가 로버트 피어리Robert Peary가 북극점에 도달했다는 소식을 듣게 됩니다. 인생을 걸고 준비해왔는데 북극점 최초 정복자라는 꿈이 무너진 것이죠.

     주변 사람들이 "이제 계획은 중지가 되겠군요. 두 번째는 의미가 없으니까요"라고 하자 아문센은 "그래도 아직 조사해볼 일은 많지 않겠습니까?" 하면서 이런저런 말을 중얼거립니다. 그는 피어리가 북극점에 도달하고 약 1년 후에 출항했습니다. 그리고 육지에서 아무도 뒤쫓아오지 않는다는 것을 확인하자 남극으로 목적지를 변경하겠다고 선언하고는 남극으로 방향을 돌립니다.

　북극으로 갈 경우, 그와 대원들은 약 2개월 만에 돌아올 수 있지만 남극으로 가게 되면 거의 1년 동안은 돌아오지 못합니다. 이를 알고 있기에 아문센은 남극행을 미리 알리지 않습니다. 정부와 스폰서도, 대원과 그 가족들도 모두 속였습니다. 그러곤 아문센 혼자만이 출항 전부터 '북극을 이미 다른 사람이 정복한 이상, 나는 남극을 목표로 하겠다'고 마음먹었던 겁니다. 다른 사람들을 완전히 속였어요.

　그런데 여기서 인간의 미묘하고 재미있는 습성을 보게 됩니다. 남극으로 목적지를 변경하겠다고 아문센이 배 안에서 선언한 순간, 배가 흔들릴 정도로 우렁찬 대원들의 외침이 울려 퍼졌다고 합니다.

구스노키　생각해볼 만한 이야기네요.

야마구치　역시 대원들도 두 번째는 싫다는 생각이었겠죠. "남극이라면 우리가 최초가 되는 거야. 모두 가지 않겠나? 나는 가고 싶다네" 하고 아문센이 제안하자 일제히 "와아!" 하고 환호성을 지른 겁니다.

구스노키　재미있군요.

야마구치　반면에 스콧은 영국의 엘리트 군인으로 영국 해군에게서 지원받

은 동력 썰매에 설상차, 말, 군함 등 만반의 준비를 하고 남극점 정
복을 목표로 했습니다. 결과적으로는 전멸했죠. 본인을 포함해 전
원이 사망하고 맙니다. 이와 달리 아문센은 순식간에 남극점에 도
달한 뒤 무사히 되돌아옵니다. 온갖 자원이 풍부한 최고의 에이스
팀과 사기꾼에 가까운 아마추어 탐험가가 경쟁해 후자가 승리한
것이죠. 단순히 전략 자원의 양을 비교한다면 아문센은 스콧을 이
길 수 없습니다만, 그런 전략 자원의 양 차이는 사실 나중 문제죠.

구스노키　더 근본적인 문제가 있으니까요.

야마구치　경쟁우위를 좌우하는 요인으로는 인재, 물건, 돈 가운데서도 역시
인재를 꼽을 수 있습니다. 게다가 사람의 능력이나 기술보다 동기
부여가 중요하고요. 아웃사이드 인이 아니라 인사이드 아웃의 방
향성이 지닌 강한 열량, 그것이 아문센과 스콧의 가장 큰 차이였
다고 생각합니다.

구스노키　이 일화에서 제가 주목하는 것은, 사용할 수 있는 자원은 스콧 쪽
이 훨씬 더 풍부했다는 점입니다. 용의주도하기도 했습니다. 개썰
매가 무용지물이 될 경우를 대비해 수송 수단만 해도 플랜B, 플랜
C까지 준비했으니까요. 상황에 맞춰 개썰매가 최적인 곳, 말로 바
꾸는 게 좋은 지점 등을 다 계획하는 식으로요. 결국은 그것이 실
패의 원인이 되고 말았지만요.

아문센 쪽은 처음부터 개썰매 한 대뿐이었습니다. 더 좋은 운송 수단이 있었을지도 모르지만 아문센은 그런 생각을 할 여유가 없었습니다. 최고의 개를 찾거나 가장 수완이 좋은 개썰매 운전자를 데리고 가는 게 그들에겐 더 중요했기에, 거기에만 시간을 쓰는 게 나은 선택이었죠. 처음부터 개썰매만 생각했던 점과 이동 수단의 조작을 간단하게 계획한 것이 주효하게 작용했던 겁니다.

야마구치 개썰매에 식량을 잔뜩 싣고 갔습니다만 식량을 먹을수록 짐이 점점 줄어들지 않습니까? 게다가 전진기지에 짐을 두고 가면 되니까 더욱 가벼워지죠. 나중에는 개도 그다지 필요가 없어지자 그마저도 식량으로 먹습니다. 그런 식으로 짐을 점점 줄이다가 마지막에는 최소한의 개만 남겨 개썰매를 타고 돌아왔던 것이죠.

이는 톱다운 방식입니다. 왜 이렇게 톱다운으로 한 것일까요? 아마도 이 모든 것이 아문센의 자발적인 동기에서 시작됐을 테고 스스로 철저한 계획하에 움직였을 겁니다. 그러자면 전체를 조망하고 통합하는 톱다운 방식이 되어야만 하죠. 자기 내면에서 모든 것이 시작됐으니 톱다운일 수밖에 없는 겁니다. 반대로 스콧은 어떤 면에서 보면 상사, 즉 외부자의 명령에 따라 작전을 짜고 필요한 것을 항목별로 나열하는 식으로 임했습니다.

구스노키 그렇죠.

남극점 정복을 두고 목숨을 건 세기의 대결을 벌인 아문센(왼쪽)과 스콧(오른쪽). 아문센 일행은 스콧 일행보다 약 1개월 앞선 1911년 12월 14일, 남극점에 도착했다. 그리고 돌아가는 길에 스콧 일행을 위해 식료품과 털옷 일부를 남겨두었다. 그러나 뒤늦게 남극점에 도착한 스콧 일행은 자존심 때문에 아문센이 남기고 간 물자를 쓰지 않았고, 악천후와 식량 부족 등으로 전원 사망이라는 비극적 최후를 맞았다.

야마구치 동력 썰매는 얼마 안 돼 고장이 납니다. 고장이 나지만 그것을 고칠 수 있는 기술자를 데려가지 않았듯이, 항목별로 나열해서 세운 작전은 전부 틀어지고 말거든요.

구스노키 대비되는 이 두 사례가 정말 많은 것을 가르쳐주는군요.

야마구치 네, 맞아요. 말은 추위 속에서 금세 움직이지 못하게 됩니다. 말에게 먹일 여물을 대량으로 싣느라 짐도 어마어마하게 늘어나지만 말은 결국 죽게 되죠. 동력 썰매 역시 금방 고장 나고 그것을 수리할 수 있는 사람도 없습니다. 결국 마지막에는 사람이 썰매를 끌고 가는 거죠. 이 지경까지 이르렀는데도 스콧은 '드디어 모험다워졌다'고 말하며 흥분했다고 합니다. 정말 한심한 리더죠.

구스노키 위험하죠.

야마구치 위험합니다. 그런 상황에서 '이것이 탐험이다', '이거야말로 진짜 탐험'이라고 말하면 대원들은 얼마나 싫겠습니까.

구스노키 마치 도산하기 직전의 절망적인 회사 이야기 같군요.

일을 잘하는 감각은
어떻게 길러지는가

EVERYTHING:
부분이 아닌 전체를 보다

●●○　피드백은 저절로
　　　생기지 않는다

구스노키　제 딸이 학교를 졸업하고 사회생활을 시작했을 때 세 가지 조언을
　　　　　해주었습니다. 어차피 인간은 의식적으로 동시에 할 수 있는 게
　　　　　세 가지 정도잖아요. 그래서 매년 세 가지씩 조언을 하려고 마음
　　　　　먹었고, 첫 해에 다음 세 가지를 꼽아 들려주었습니다. 첫 번째는
　　　　　항상 기분 좋게 지내고 인사를 빠뜨리지 말라는 말이었어요. 매우
　　　　　중요한 것이죠.

야마구치　그건 틀림없이 역량입니다. 『행복론』을 쓴 알랭Alain도 '아주 기분
　　　　　좋은 상태'를 최고의 미덕으로 꼽았으니까요.

구스노키 1년차 때는 누구를 만나든 '안녕하세요', '고맙습니다' 하는 인사를 건네고 상대의 말에는 '네' 하며 대답하라고 일러주었습니다. 이것이 사회생활의 초기에 필요한 능력의 80퍼센트입니다.

그리고 두 번째가 '보라'는 것이었습니다. 조직이나 주변에서 일 잘하는 사람을 정해두고 계속 주시해서 살펴보는 겁니다. 아무 생각 없이 눈으로 쳐다보기만 하는 게 아니라 살펴보면서 중요한 것들을 포착하라는 의미죠. 그래서 '이 사람은 이 상황에서 왜 이런 일을 하고, 왜 이런 일을 하지 않는 걸까?' 하는 것을 항상 생각하라고 조언했습니다. 설사 해답을 바로 얻지 못한다고 해도 말입니다. 모든 해답은 이미 상황에 다 반영되어 있게 마련이니까요.

그리고 세 번째는 '고객의 시점에서 생각하라'는 것입니다. 저는 이것을 일하는 데 있어 기본이라고 믿고 있습니다. 거래처뿐만 아니라 회사 안에도 고객은 있어요. 내가 무엇을 해주길 바라는지, 우선 그 사람이 원하는 것을 생각하고 그에 맞춰 일하는 것이 좋습니다. 첫 해에 이 세 가지를 딸아이에게 일러두었죠.

이 세 가지는 전부 일의 감각과 깊이 관련되어 있습니다. 첫 해부터 엑셀로 이 작업을 할 줄 알아야만 한다거나 영어는 이 정도까지 실력을 끌어올리라고 강조한들 별로 의미가 없습니다. 그런 기술은 자연히 피드백이 올 것입니다. 만약 토익이 300점이라면 부족한 점수가 눈으로 확인되니 영어 공부를 더 해야겠다는 마음이 들 테죠. 그러니 내버려둬도 괜찮습니다. 이것이 스킬의 중요한 특징이죠.

그러나 감각은 다릅니다. 피드백을 받을 수가 없기 때문에 감각이 없는 사람은 없는 대로 그냥 해나가게 됩니다. 이것이 감각의 무서운 점이에요. 감각이 없는 사람은 애초에 자신에게 감각이 없다는 것조차 알지 못합니다. 그래서 옷 입는 감각이 없는 사람은 언제까지고 계속 옷 입는 감각이 없는 거죠. 피드백은 저절로 생기지 않거든요.

야마구치 피드백을 깨닫는 일 자체가 이미 감각이니까요.

구스노키 맞습니다. 그래서 본인이 깨닫지 못할 때 제삼자가 해주는 조언이 감각을 몸에 익히는 데 효과가 있는 것이고요.

●● 노력보다
전략이 먼저다

야마구치 2011년에 연예계를 은퇴한 일본의 코미디언 시마다 신스케島田紳助는 같은 연예기획사 후배들에게 "노력하지 말라"고 말했습니다. 여기서 그가 말한 '노력'이란 만담이나 콩트 연습을 가리킵니다. 젊은 예능인들 중에는 인기를 얻지 못할까 봐 조급한 마음에 무턱대고 만담 연습을 하는 경우가 많습니다. 신스케는 그 순서가 잘못되었음을 지적한 겁니다.

'어떻게 해야 인기를 얻을 수 있을까?' 하는 전략도 세우지 않은 채 오로지 만담 연습에만 열중하는 것은 의미가 없다는 겁니다. 그런 쓸데없는 노력을 할 바에는 우선 개그 전략을 세우라고 조언합니다. 개그계도 쟁쟁한 예능인들이 모여 치열한 경쟁이 벌어지는 곳이죠. 그러니 무턱대고 기술만 연마할 게 아니라 자신이 그 시장에서 어떤 위치를 차지할 계획인지, 자신의 예능 감각이나 외모라면 누구의 위치까지 올라갈 수 있을지, 그리고 예능계에서 어느 포지션을 노릴 수 있을지를 생각하라고 조언한 것입니다.

구스노키   그렇군요.

야마구치   신스케 자신도 실제로 그렇게 했다고 합니다. 먼저 잘나가는 예능인의 만담을 모두 녹음했다고 해요. 나중에 들으면서 적어놓고 어느 부분이 웃음을 유발하는 포인트인지 연구하고 어떤 개그를 짜야 할지를 분석했습니다. 그리고 웃음의 결정타는 80퍼센트가 같은 유형이라는 것, 시시한 소재를 직전에 넣으면 웃음 포인트가 빛을 발한다는 것을 깨달았죠. 이를 자신의 만담 개그에 활용했습니다. 당시 개그 분야에는 교과서가 없었는데요, 신스케는 직접 교과서를 만들어야겠다는 생각도 했다고 합니다. 이 정도면 완전히 개그 분야의 경영학이죠. 보통 다른 사람들은 그렇게 하지 않습니다. 전략을 구상하기보다는 일단 만담을 연습하는 등 노력부터 하죠. 노력하고 있으면 안심이 되거든요.

구스노키　예리하십니다.

야마구치　물론 그렇게 하면 확실히 조금은 실력이 늘기도 할 겁니다. 하지만 자신이 예능인으로서 진정한 의미를 느끼며 살아갈 자리를 찾지 못한다면 직업으로서 계속해나갈 수 없습니다. 신스케의 경우 그 노력의 차원이랄까 노력의 질이 다른 예능인들과는 달랐던 거죠.

구스노키　그래서 스킬을 몸에 익히려는 노력과 감각에 이르기까지의 노력은 분명 차이가 있다고 생각합니다. 그것을 노력이라고 말할지 아닐지는 별개로 하고 말이죠.

야마구치　신스케가 말하는 의미는 감각을 연마해나간다는 것과 연결된다고 봅니다. 그래서 자신이 갖고 있는 대사의 호흡이나 말투, 외모 등 예능인으로서의 가치를 높이기 위해 자신을 어떻게 기획할까를 먼저 고민하는 거죠. 자신이 어떤 포지셔닝과 콘셉트를 지향해야 이길 수 있는지를 연구해 자신만의 강점을 연마하는 노력. 다른 사람에게는 이것이 노력으로 보이지 않을 수도 있을 겁니다. 하지만 사실은 이것이야말로 진정한 노력입니다.

　따라서 예능인으로서 일류가 되고 싶다면 오로지 만담 연습에만 열중하는 쉬운 노력만 하지 말라고 말합니다. 그보다 한 수 높은 단계에 있는 노력, 즉 예능인으로서의 전략을 세우는 노력을 해야 한다는 것이죠. 이는 비단 예능계에만 해당되는 이야기가 아니에요. 비즈니스에 종사하는 사람들에게도 시사하는 바가 매우 큽니다.

●● 감각을 연마하는
최고의 방법

구스노키 그렇다면 감각을 연마하는 가장 효과적인 방법은 무엇일까요? 사실 감각을 연마하는 확실한 방법 같은 것은 없습니다. 사람에 따라서 감각이 드러나는 모습도 천차만별이고요. 따라서 감각 있는 사람이 주변에 있다면 그 사람을 잘 살펴보는 것이 큰 도움이 됩니다. 이것이 가장 손쉽고 빠르게 감각을 익히는 방법입니다.

이때 그 사람의 '전부'를 보는 것이 중요합니다. 일 잘하는 사람의 감각은 단지 일하는 모습에서만 드러나지 않습니다. 예를 들면 메모하는 방법, 대화 상대에게 질문하는 방식, 회의를 이끄는 법, 책상 배치나 식사 습관, 심지어 가방 속에 무엇이 들어 있는지 등이 모든 행동과 생활에 감각이 나타납니다. 그래서 감각 있는 사람의 일거수일투족을 관찰할 수만 있다면 감각을 배우는 데 아주 유리합니다.

야마구치 그 사람의 특정한 모습이 아닌, 행동거지나 몸가짐까지 모두 관찰해야 한다는 것이로군요. 전체를 보고 전체 그대로를 파악하는 것이 감각을 연마하는 길이라는 건데, 쉽지는 않겠습니다. 사람은 의도적으로 보려고 하다 보면 필시 어느 한곳에 시선을 집중하게 되니까요. 좀처럼 전체를 보기는 어렵죠.

구스노키　'보는 능력'도 포함해서 결국 가장 많은 사람이 사용할 수 있는 방법은 '일단 그것을 좋아하는 것'입니다. 그 사람이 좋다든가, 함께 있고 싶다든가, 재미있다는 생각이 든다면 보는 것은 그렇게 힘들지 않을 겁니다. 대상을 좋아한다면 보는 자체만으로도 보상받죠. 어디까지 갈 수 있었는가 하는 결과가 아니라 그 길을 가면서 보는 풍경으로도 충분하다면 마음껏 계속할 수 있죠. 그리고 그 과정을 겪으며 점점 능숙해질 거고요.

　　야마구치 선생이 이 책에서 말하는 '가치 기준과 판단 기준이 내부에 있는가, 외부에 있는가' 하는 이야기와 같은 맥락입니다. 저는 옳고 그름이 아닌 것을 '좋고 싫음'이라고 말하고 있는 것입니다. 옳고 그름이라는 것은 보편적인 가치 기준입니다. 극단적인 예를 들자면 법률로 규정되어 있는 '사람을 죽이면 안 된다' 같은 것입니다. 이것은 옳고 그름의 문제죠. 보편적인 합의가 자신의 외부에 성립되어 있습니다.

　　같은 가치 기준이라도 그 사람 안에 국소적인 가치 기준이 있습니다. 그것을 좋고 싫음의 문제로 말하고 있는 것이죠. 그러므로 보편성의 축에서 옳고 그름과 좋고 싫음은 연속하고 있다고 볼 수 있습니다. 옳고 그름이 아닌 것은 좋고 싫음이 됩니다. 이런 의미에서 '좋아하는 마음'이 자신의 내면에 존재하지 않으면 감각의 연마는 시작되지 않습니다. 좋아하지 않는 일은 무슨 일이든 간에 하기가 상당히 괴로우니까요. 사후성을 극복할 수 없습니다.

Chapter

14

INSIGHT:
인간에 대한 이해

감각은 후천적인
재능이다

구스노키   '천부적인 재능'이라는 말이 있듯이, 감각이라고 하면 본능적이고
선천적인 것으로 생각하기 쉽습니다. 하지만 실제로 감각은 상당
히 사후적이고 후천적입니다. 모두가 각자의 시행착오 속에서 시
간을 들여 연마해온 것이죠. 감각을 연마하기 위한 교과서나 표준
적인 방법이 따로 없다 보니 아무래도 타고난 습성처럼 보일지 몰
라도 사실은 그렇지 않습니다.

야마구치   동의합니다. 감각 습득은 사후성이 높죠. 사후성이 높다는 것은 과
정과 결과의 인과관계를 알 수 없다는 의미입니다. 따라서 결과로
서 습득한 사람을 보면 과정을 건너뛰고 습득한 것처럼 보일지 모

르지만 사실은 그렇지 않습니다. 이것도 일종의 딥러닝^{deep learning}이죠. 딥러닝도 결국은 '무엇이 나올지 알 수 없지만, 대량으로 데이터를 입력하면 무언가 나온다'는 것이잖아요. 이 또한 사후성이 매우 높습니다.

구스노키 언어로 말하면, 알파벳으로 짜여 있어 비교적 문법이 단순한 영어와 비교할 때 일본어나 중국어는 처음부터 바로 사용할 수 없습니다. 읽고 쓰려면 우선 기초 한자를 적어도 300개 정도는 외워야 합니다. 이렇게 언어를 습득하는 과정에 시간과 노력이 많이 들어가기에 어떤 측면에서는 수행 같은 면이 있습니다.

야마구치 오이겐 헤리겔^{Eugen Herrigel}이라는 독일 철학자가 쓴 『마음을 쏘다, 활』이라는 책이 있습니다. 그는 1920년대에 일본에 와서 현재의 도호쿠^{東北}대학교에서 철학을 가르쳤는데, 그 후 독일로 돌아가서 쓴 책이죠. 신칸트파 철학자인 헤리겔은 일본 불교의 '선^禪'에 관심이 많았습니다. 그래서 선에 관해 공부하고 싶다는 일념으로 일본에 왔습니다.

도호쿠대학의 교수로 일하면서 선에 대한 공부를 시작하려 할 때 '선을 공부하려면 활을 배우는 것이 좋다'는 조언을 들었다고 해요. 그래서 당시 일본 활의 제일인자이며 '궁성^{弓聖}'으로 불렸던 궁술가 아와 겐조의 제자로 들어가게 됩니다.

헤리겔은 원래 올림픽 사격 선수였기 때문에 활도 사격과 마찬가지로 물리 법칙이 전부인 세계라고 생각했죠. 활이 과녁을 맞힐지 아닐지는 확실히 물리의 문제였으며, 어떤 초속으로 어떤 각도에서 쏘면 과녁에 적중할지는 해석적으로 엄밀한 답을 낼 수 있습니다. 그래서 활도 마찬가지라고 생각했던 거죠.

하지만 실제로 접해보고 그 예상이 완전히 빗나간 데 무척 당황했다고 합니다. 우선 활쏘기 수행을 하는 데도 스승이 화살을 주지 않았습니다. 활의 현을 잡아당기는 연습만 계속 시켰던 겁니다. 힘을 주려고 하면 팍 튕겨버리기 일쑤였고요. 그때마다 스승은 힘을 주지 말고 당기라고 알려줬다고 합니다. 요컨대 호흡 방법을 익히게 하는 것인데 헤리겔로서는 이해하기 어려웠을 겁니다. 물리와 호흡이 무슨 관계가 있는지 의아했겠죠. 그렇게 약 1년 동안 현을 당기는 연습만 줄기차게 했다고 합니다.

구스노키   화살을 주지 않고 말입니까?

야마구치   네, 그랬다고 합니다. 어느 날 활을 당길 수 있게 되자 스승 아와 겐조는 이제 화살을 시위에 메겨도 좋다며 화살을 쏘아보라고 허락하지만, 이때도 과녁이 아니라 눈앞에 높인 짚단을 쏘라고 말합니다. 본인은 과녁을 쏘아야 연습이 될 거라고 생각했는데 스승은 생각이 달랐죠. "그건 아닙니다. 짚단을 쏘세요"라고 합니다. 탁 하고 쏘면 또 안 된다고 하기를 반복할 뿐이었죠. 도대체 뭐가 안 된다는 건지 헤리겔은 이해할 수 없었어요. 그런데도 스승은 "자네는 지금 쏘려고 생각하고 쏘고 있잖은가? 그렇게 하면 안 되고, 화살을 가게 해야 하네"라고만 합니다.

저도 책을 읽으면서 이 장면에서 좀 혼란스러웠어요. "화살은 가야 할 때 저절로 가니까 보내서는 안 되네"라는 부분이 이해하기 어려웠습니다. 조릿대 잎에 쌓인 눈이 어딘가에서 사삭 하고 미끄러져 떨어지듯이 그런 식으로 화살을 가게 하라는 말을 듣고 그는 화살을 쏩니다. 다시 눈앞의 짚단을 탁 쏘면 스승은 "여전히 자신이 쏘고 있구먼" 합니다.

그렇게 또 1년을 보냈죠. '이제 곧 일본에서의 임기가 끝나는데 어떡하지' 생각하면서 계속 연습을 하던 어느 날, 헤리겔이 활을 쏘는 모습을 본 아와 겐조가 머리를 꾸벅 숙이더니 이렇게 말합니다. "지금 것은 당신이 아니라 '그것'이 쏘았습니다"라고요.

이렇게 해서 마침내 과녁을 향해 화살을 쏘게 되었습니다. 헤리겔은 당연히 과녁을 적중시키려 했겠죠. 하지만 직전에 성공했던 '화살이 가게 한다'는 게 또 되질 않는 겁니다.

이번에 스승은 "과녁을 맞히려고 활을 쏘면 안 된다"는 말을 해줍니다. "당신이 과녁을 맞히려고 하지 않아도 화살이 저절로 나아가 과녁으로 향할 것이니 화살이 가게 하세요" 하는 말을 듣고 마침내 헤리겔은 화가 폭발합니다. "그렇게 말씀하신다면 선생님은 눈을 가리고도 과녁에 적중시키실 수 있겠네요"라며 시비조로 스승을 몰아세웁니다. 그러자 아와 겐조는 "이런 곡예 같은 일은 원래 싫어하지만 그렇게까지 말하니 보여주죠" 하고는 밤중에 도장으로 오라고 합니다.

여기부터가 클라이맥스입니다. 한겨울의 깊은 밤, 궁도장에는 헤리겔과 아와 겐조 두 사람이 있고 화로 안에서 물이 부글부글 끓고 있습니다. 도호쿠 지방의 한겨울은 굉장히 춥습니다. 과녁은 칠흑 같은 어둠 속에 잠겨 있는데 아와 겐조가 활시위에 화살을 메기고 쏘니 멀리서 피슝 하는 소리가 났습니다. '아, 맞혔구나' 하고 생각했죠. 그러고 나서 또 한 발을 쏘았는데 이번에는 기묘한 파열음이 나는 겁니다. 뭔가 이상한 소리가 났기에 두 번째는 빗나갔는지도 모르겠다고 생각하며 헤리겔이 과녁을 향해 다가가 살펴봤어요. 그랬더니 첫 번째 화살이 과녁의 정중앙에 꽂혀 있고, 두 번째 화살이 첫 번째 화살을 쪼개고 들어가 과녁의 정중앙에 꽂혀 있더랍니다.

이것을 본 순간 헤리겔의 인지 체계가 바뀌었다고 합니다. 자신이 생각하던 세계관과 완전히 다른 무언가가 있다는 것을 깨달은 거죠. 헤리겔은 유럽으로 돌아간 후 '서양적인 근대 합리주의 사고방식과는 완전히 다른 세계에 대해 글을 쓰기 시작합니다. 효과가 특정되지 않으며 트레이닝과 성과의 관계가 설명되지 않는 세계, 무언가 할 수 있게 되었을 때는 이미 그 이전으로는 되돌아갈 수 없는 그런 세계가 있다'는 내용을 『마음을 쏘다, 활』이라는 책에 썼던 것입니다.

구스노키　흥미롭군요.

야마구치   이야기에 다소 과장한 부분도 있는 것 같긴 합니다만, 당시 유럽
        에서 베스트셀러가 된 책입니다.

●● 모든 것은 인간에 대한
   이해에서 시작된다

구스노키   저희 아버지는 예전에 일본정공이라는 회사에 근무했는데, 나가
        모리 시게노부 회장의 일본전산日本電算에 베어링을 납품하는 거래
        처였다고 합니다.

야마구치   그 이야기는 처음 듣습니다.

구스노키   나가모리 회장이 아버지의 고객이었던 거죠. 당시 나가모리 회장
        은 신흥 기업을 성공으로 이끈 대단한 경영자로 평판을 얻을 때였
        기에 저도 관심이 생겼습니다. "나가모리 회장은 어떤 분이세요?"
        하고 아버지에게 여쭈었더니 "장사에 정말 엄격한 분이지" 하고
        대답하시더군요.
           나가모리 회장을 처음 만난 게 분석가 회의였던 걸로 기억합니
        다. 나가모리 회장과 증권회사의 분석가 및 전략가들이 여러 가지
        질문을 하고 대답하는 자리였습니다. 제삼자 입장으로 의견을 제
        시해 달라는 요청을 받고 그 회의에서 참석했습니다. 회의에 참석

해서 함께 이야기를 나눠보니 나가모리 회장은 상대를 매우 기분 좋게 대하면서도 유쾌한 분이었습니다.

그런데 회의를 마치고 돌아갈 때 "오늘 정말 감사했습니다" 하고 인사를 하자 "자네 아버지가 일본정공에서 일하시지?" 하고 말을 건네시는 겁니다. 그래서 깜짝 놀라 "어떻게 아셨습니까?" 하고 물었죠. "구스노키라는 성이 같은 데다 목소리까지 똑같아서 바로 알아차렸다네. 아버지는 안녕하신가?" 하고 물으시더군요.

야마구치 대단하시네요. 금세 알아보다니.

구스노키 그 후로는 특별히 뵐 기회가 없어서 2~3년 정도 만나지 못했는데, 언젠가 또 경제 산업성 회의에서 뵙게 되었죠. 관청 건물 안에서 혼자 엘리베이터를 기다리고 있었어요. 그때 마주친 나가모리 회장이 제 얼굴을 보더니 "아버지는 안녕하시고?"라며 말을 건네시는 겁니다. 그땐 정말 놀랐습니다.

야마구치 초인이시군요.

구스노키 제가 "기억하시는군요"라고 대답하자 "나는 이삼천 명의 개인 데이터를 전부 기억하고 있었지. 최근에는 휴대폰에 주소록이 다 들어 있어서 내 독자적인 능력을 잃어버린 게 아쉽더군" 하고 말씀하셨습니다.

일을 잘하는 감각은 어떻게 길러지는가

옛날에는 전화번호, 가족 구성 등 전 직원의 정보가 전부 머릿속에 들어 있었다고 합니다. 그래서 "아, 대단하십니다" 했죠. "자네도 나처럼 높은 자리에 있는 사람이 기억해주니 기쁘지 않은가?" 하고 친근한 말투로 대답하시더군요. 인간에 대해 상당히 깊이 이해하고 있다는 느낌을 받았어요. 사람의 마음을 끌어당기는 매력이 놀랍더군요. 저도 그랬습니다만 모두 한 방에 나가모리 회장에게 끌려 좋아하게 되는 게 틀림없습니다.

야마구치 결국 '인간을 안다'는 게 중요하다는 거군요. 최근에는 기초교양이 논리사고를 대신하는 새로운 기술처럼 홍보되고 있어요. 교양이 바로 '인간을 알기' 위한 학문이니까요. 특별히 철학 콘셉트라든가 역사의 연호를 외운다고 해서 일을 잘하게 되는 건 아닙니다. 교양이 중요한 것은 인간을 알기 위해서고, 나가모리 회장은 나름의 수행을 통해 인간을 알고 이해하는 경지에 이른 것이겠죠.

구스노키 나가모리 회장은 어떤 의미에서는 스스로를 '작다'고 생각하는 분 같았습니다. 그것이 꼭 겸허하다거나 앞에 나서지 않는 사람이라는 뜻은 아닙니다. 진정한 큰 사람이야말로 자신을 작다고 생각하죠. 그렇기에 타인을 헤아려 살펴보고 상대의 입장에 서서 세상을 바라볼 수 있는 거겠죠. 자신에게 유리한 대로 생각하거나 자기중심적으로 생각하지 않습니다. 이런 사고와 인성이 인간에 대한 통찰의 기반에 깃들어 있는 것입니다. 그릇이 작은 사람일수록 자신

일본전산 회장 나가모리 시게노부. 그는 사업 초기에 공부 잘하는 사람보다 개성 있고 추진력 있는 인재가 회사에 도움이 된다는 철학에 따라 밥 빨리 먹기, 화장실 청소 등의 시험을 통해 직원을 채용한 것으로 유명하다.

이 대단한 사람이라고 여기죠. 자신을 위한 생각만 머릿속에 가득해서 자신을 객관화하지 못합니다.

자신이 작다고 말하는 사람은 남들에게 의지가 되어주면서도 자신은 웬만해선 남에게 기대지 않습니다. 베푼 것이 많지만 회수하지 않습니다. 앞에서도 언급한 고바야시 이치조도 '훌륭한 사람은 베푼 게 많은 사람'이라고 했습니다. 실제 제 경험을 돌이켜봐도 일을 잘하는 사람일수록 도량이 크더군요.

도량을 베푼다는 것은 우리가 일반적으로 생각하는 것보다 훨씬 중요합니다. 프랑스 문학가인 가시마 시게루 교수의 책에서 알게 된 말인데요, 프랑스 작가인 라브뤼예르La Bruyère는 이렇게 말했습니다. "덕은 용기와 도량이다. 생명과 금전이라는 두 가지 중대한 가치를 아까워하지 않으므로." 스스로 자신이 작다고 말하는 것은 용기가 있는 것과 똑같이 중요한 일입니다.

데이터보다 인간을 신뢰한 스티브 잡스와 레고

야마구치 일을 잘하는 사람은 전반적으로 인간에 대한 이해도가 높지요. 대표적인 예로 스티브 잡스를 들 수 있습니다. 스티브 잡스는 시장조사에 매우 부정적이었던 것으로 알려져 있는데요. 많은 사람들에게 일일이 의향을 물어보지 않아도, 어떤 상품이 잘 팔릴지 아닐지를 직감적으로 파악할 수 있다는 거예요. 즉 이것은 그가 인간을 이해하고 있다는 의미입니다. 시장조사를 통해 고객들의 구매 의향은 몇 퍼센트라는 식으로 검증하지 않으면 앞으로 나아가지 못한다는 것은 인간을 이해하지 못하고 있다는 반증인 것이죠.

구스노키 또 한 가지 좋은 예가 레고블록의 쇠퇴와 부활 이야기입니다. 한때 붐을 일으켰던 레고 산업은 어린이에 대한 정보를 지나치게 많이 모은 것이 원인이 되어 쇠퇴했다더군요. 사용자인 어린이에 대한 정보, 즉 데이터를 많이 모았습니다. 빅데이터의 시초라고 할 수 있죠. 그 결과 '요즘 아이들은 예전과 비교하면 주의가 산만하

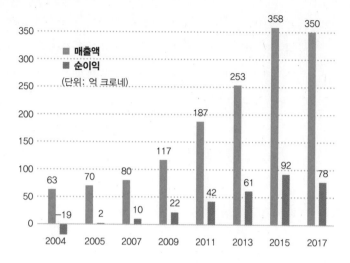

레고의 매출액 및 순이익 추이. 레고는 2000년대 초반 비디오게임에 대항하기 위해 다양한 사업 확장을 하다가 심각한 위기에 빠졌다. 2004년 레고의 신임 CEO가 된 요르겐 비그 크누스토르프는 회사명이자 핵심 가치인 '재미있게 놀아라(Leg Godt)'에 집중하는 것으로 생존 계획을 세우고 비주력 사업을 과감히 정리했다. 그 결과 크누스토르프의 임기 마지막 해인 2017년까지 레고는 총매출 5배 성장이라는 성과를 이루어냈다.

다'는 경향이 뚜렷하다는 통계 정보를 얻었습니다. 주의가 산만한 건 레고에 적합하지 않은 성향입니다.

왜 이런 일이 생겼을까요? 인터넷 게임 등의 영향으로 감각적인 자극이 강한 대상에 더 끌리고, 거기에 즉시 반응하게 되었기 때문입니다. 이에 관해서는 통계 자료가 이미 나와 있습니다.

아이의 놀이가 점점 인터넷 게임으로 대체되다 보니 조물락 조물락 손으로 갖고 노는 레고블록 같은 장난감은 더 이상 팔리지 않을 거라 여기고, 레고 사업 관리자는 미리 체념했습니다. 그러고는 이를 극복하기 위한 새로운 비즈니스를 모색하죠. 캐릭터 비즈니스로 변경해 디즈니 같은 회사가 되기로 했습니다. 철저한 시장 조사를 통해 변화를 시도했지만 그런 변화로 인해 실적은 점점 더 악화되었죠. 뭔가를 잘못 이해하고 있었던 겁니다. 위기 돌파를 위해 결국 '아이들은 왜 노는 걸까?' 하고 놀이의 본질을 다시금 생각했습니다. 이것이 레고가 부활한 계기가 되었어요.

인터넷 게임의 기세는 여전히 흔들리지 않습니다. 이런 현상만 보고 있었다면 레고는 영원히 부활하지 못했겠죠. 이처럼 눈에 보이는 현상과 경향만을 좇다 보면 피상적인 결론을 얻게 됩니다. 하지만 집계 수준의 평균치가 아니라 아이 한 명 한 명을 찬찬히 관찰하면 레고에 열중하고 있음을 알 수 있습니다. 그래서 레고는 다시 블록으로 회귀하는 것이 좋겠다고 판단합니다. 결국은 그 발상이 부활의 실마리가 되었죠.

이 사례는 최근에 많이 드러나는 데이터 지상주의의 함정을 그대로 보여줍니다. 실제로 세상에는 데이터에 의한 폐해가 무수히 많습니다. 인간에 대한 통찰이 무엇입니까? 한 사람의 내면에 존재하는 상당히 복잡한 메커니즘에 대한 이해입니다. 그러니 데이터를 집계해서 평균치나 경향으로 상관관계를 파악하는 시스템과는 맞지 않을 수밖에 없습니다.

야마구치   애초에 '놀이' 자체가 교양의 중심에 있는 주제입니다. 인간은 왜 노는 걸까요? 네덜란드의 역사가 요한 하위징아 $^{Johan Huizinga}$ 가 쓴

『호모 루덴스』라는 책은 '놀이'가 문화를 형성했다는 사실을 논증하고 있습니다. 반면에 데이터는 조사 설계자가 검증하고자 하는 일면밖에 보여주지 못하므로 확증 편향을 더욱 강하게 만드는 경향이 있습니다. 역시 데이터만으로 인간을 파악하기는 어려운 것이죠. 인간이란 부분으로서는 모순되기도 하고 정합하지 않기도 하므로 부분의 덧셈만으로 이해하려고 들면 절대 이해할 수 없는 존재입니다.

구스노키 게다가 인간이란 그다지 일관되지 못한 존재예요. 그러니 점점 더 인간의 본성이나 본능에 관한 통찰이 중요해질 수밖에 없습니다.

야마구치 상품의 실질적인 사용가치를 추구하려고 하면 데이터와 기술은 매우 유용하고 이해하기 쉽지만 의미가치를 추구하고자 한다면 데이터도 기술도 도움이 되지 않습니다. 이때 필요한 것은 '인간에 대한 통찰'이며 이것이 앞으로 경쟁력의 중요한 핵심으로 자리 잡을 것입니다.

CONCEPT:
추상적 사고의 힘

●● 구체와 추상 사이의
　　왕복운동

구스노키　감각의 알맹이가 무엇인가에 관해 제가 잠정적으로 내린 결론은
'구체와 추상의 왕복운동'입니다. 이는 많은 사람을 옆에서 봐오면
서 납득한 것이죠.

　　오픈하우스라는 종합부동산회사 창업자인 아라이 마사아키荒井
正昭는 굉장히 추진력 있는 부동산 건축업자입니다. 겉으로 보기에
는 운동을 했을 것 같은 분위기지만 아라이 사장과 이야기를 나누
는 동안 무척 지적인 분이라는 걸 알았습니다.

　　아라이 사장은 '여러 가지가 있지만 한마디로'라는 말을 자주
사용합니다. 다양한 이야기가 끊임없이 나온 뒤에 "뭐, 여러 가지
가 있지만 한마디로 이거죠" 하고 결론을 짓는데 그 솜씨가 아주

뛰어나더군요. 추상화 또는 논리화라고 할 수 있는데 여기서의 논리란 그 사람 특유의 '요컨대 이런 겁니다' 하는 식견을 뜻하는 것입니다.

비즈니스란 구체적이지 않으면 의미가 없습니다. 구체적이지 못하면 지시할 수도 없을 뿐 아니라, 어떤 문제든 구체적인 내용 해결이 반드시 동반되어야 하니까요. 그러므로 생각의 흐름 속에는 반드시 '요컨대 이런 거지' 하는 추상화가 일어나 거기서 얻은 논리를 머릿속의 서랍에 넣어야 합니다. 감각이 있는 사람은 이 서랍이 무척 충실하지요.

대표적인 예로 유니클로의 야나이 다다시 회장의 경우가 그렇습니다. 어떤 상품이 계획보다 잘 팔리지 않을 때 감각이 없는 사람은 평면적인 사고로 문제를 해결하려 듭니다. 작년에는 어땠는지, 색감과 모양은 어땠는지, 또는 경쟁 상대는 어땠고 지역에 따른 판매 방식은 어땠는지 등 표면적인 사항만 확인하죠. 그러면서 횡적이고 구체적인 현상 위를 우왕좌왕 오갈 뿐 결코 본질에 다다르지 못합니다.

하지만 야나이 회장은 문제가 생기면 일단 자신의 머릿속 서랍을 엽니다. '이건 이런 게 아닐까?' 하고 해당하는 논리를 꺼내는 것이죠. 그래서 "문제의 본질은 여기에 있는 것 같으니 이렇게 하면 해결할 수 있을 거야" 하고 최종적으로는 굉장히 구체적으로 지시를 내립니다. 표면적이고 횡적인 사고로 가는 것이 아니라 자신의 내면에 추상적으로 집약해놓은 결론 부분에서 본질적인 해결책을 끌어내는 것이죠.

이것을 저는 '구체와 추상 사이의 왕복운동'이라고 부릅니다. 실제로 소요되는 시간은 1.5초 정도입니다. 감각이 뛰어난 사람은 평소 일할 때 이 왕복운동을 호흡하듯이 합니다. 극히 구체적인 문제가 '요컨대'라는 한마디에 이끌려 굉장히 높은 곳까지 갑니다. 그 변동 폭의 크기와 빈도, 그리고 속도가 중요합니다.

감각이 뭔지 한마디로 설명하는 건 쉽지 않습니다. 그래서 완벽한 해답은 없지만 '구체와 추상의 왕복 능력'이 가장 가까운 답이 아닐까 합니다. 사람들은 뛰어난 사람은 흔들리지 않는다거나 의사결정이 빠르다는 말을 자주 합니다. 비즈니스 세계에서는 반드시 그 사람에게 있어 미지의 새로운 현상이 매일 나타나게 마련이죠.

그런데 그것을 자기 나름의 논리로 추상화하는 사람에게는 막연한 미지의 세상이 아닙니다. 내재되어 있는 자신의 경험과 지식을 꺼내서 이해하고 활용할 수 있기에 미지의 세상도 '언젠가 지나온 길'이며 '언제 어디선가 본 풍경'이 됩니다. 따라서 새로운 일과 상황에 맞닥뜨려도 확신을 갖고 재빨리 의사결정을 할 수 있는 겁니다.

야마구치   아까 감각은 딥러닝의 결과로서 사후적으로 생겨난다는 이야기를 했습니다. 아라이 사장도 야나이 회장도 딥러닝을 통해 얻은 패턴이 방대하게 저장되어 있을 겁니다. 딥러닝을 통해 얻은 지식과 경험을 구체적인 상태로 쌓아두면 다른 상황에 적용할 수 없기 때문에 이는 단지 '박식함'에 지나지 않습니다. 하지만 이들은 경험과 지식을 추상화해서 패턴으로 축적하고 있기 때문에 개별적이고 구체적 상황에서도 그것을 적용할 수 있습니다.

옆에서 보면 그 과정이 블랙박스처럼 다른 이의 눈에 보이지 않습니다. 그러니 '감각'이라고밖에 말할 수 없죠. 이런 감각을 타고난 것이라 여기는 이들이 많지만 실제로는 방대한 분량의 딥러닝이 그것을 지탱해주고 있는 겁니다.

모두가 지나치는 모순을 직시할 줄 아는 사람

구스노키 제 분야인 경쟁전략 측면에서 말하자면 독창적인 전략의 기점에는 무언가 그 업계 사람들이 지금까지 보고도 못 본 척해온 모순 같은 것이 있습니다. 그것을 직시할 수 있다는 것이 감각의 가장 두드러진 장점입니다.

중고차 매입 전문업체로 성공한 걸리버인터내셔널(현재 사명 이돔IDOM)의 창업자인 하토리 켄이치羽鳥兼市를 예로 들 수 있습니다. 중고자동차 매매업이라는 비즈니스는 개인에게 매입한 중고차를 정비해 새로 가격을 매겨 다시 개인에게 판매하는 비즈니스 모델입니다. 돈을 벌기 위해서는 '싸게 매입해서 비싸게 파는 것'이 원칙이죠. 얼마나 싸게 사느냐, 그리고 얼마나 비싸게 파느냐가 승부를 결정합니다.

하토리 사장도 이 일을 50세가 넘을 때까지 해왔습니다. 지방에서 성공해 큰 판매 센터를 예닐곱 군데 소유하고 있었죠. 매일 아침 자신의 차로 영업소를 돌면서 판매를 독려했습니다. 그런데 하루는 자신의 가게에 '고가 매입'이라는 간판이 나와 있는 걸 본 겁니다. 그와 동시에 '저가 판매'라는 간판도 나와 있고요. 고가 매입, 저가 판매라는 간판을 매일 아침 보면서 '뭔가 근본적으로 잘못되었네, 수지가 맞지 않는 장사잖아' 하고 느꼈어요.

그러면서도 1분 후에는 일상적인 하루가 시작되니까 중고차 매매업이란 게 그런 건가 보다 하면서 관습적으로 넘어갑니다. 오늘도 '고가 매입, 저가 판매로 열심히 해보자!' 했죠.

그런 판매 방식을 10년, 15년 계속해왔던 겁니다. 그렇게 오랜 시간을 보낸 후, 어느 시점에 이르러서야 겨우 결론을 얻었어요. '개인에게 팔지 않으면 되겠네!' 하고 말입니다. '매입 전문'이라는 전략의 기점에 이런 일들이 있었습니다.

어떤 업체에나 선입견이 있습니다. 실제로는 모순적인데도 '우리 업계는 원래 그래' 하면서 알고도 모르는 척하는 것입니다. 새로운 전략은 그 사실을 직시하는 데서부터 나오는 경우가 많습니다. 그것은 역시 전체를 부감하지 않으면 절대로 알 수 없죠. 하고 있는 일을 세부적으로 보면 모두 일리가 있기에, 문제를 파악하려면 전체를 조망해야 합니다. 거시적 관점으로 큰 그림을 봐야 하는 거죠.

야마구치 '고가 매입'은 매입하는 담당자 입장에서는 좋은 일입니다. 판매 담당 입장에서도 '최저가 판매'를 강조하는 것이 무척 좋을 테고요. 경영의 하부 계층에서 보자면 '고가 매입'도 '저가 판매'도 각각 모두 중요한 미션입니다. 하지만 전체를 총괄하는 경영자 입장에서 보면 이건 양립할 수 없는 거죠. 구스노키 교수님이 앞서 "이익은 고객이 기꺼이 지불하는 금액인 WTP에서 비용을 뺀 금액"이라고 말씀하셨는데요. 이 경우 'WTP는 낮고 비용은 높다'고 선언하고 있으니 '이익'이라는 관점에서 보면 완전히 파탄 상태인 겁니다. 하지만 한 단계 아래 계층에서 생각할 때는 합리적이 되는 셈이죠. 판매 담당 부서와 매입 담당 부서 각각에겐 다 맞는 얘기니까요. 이것도 '전체적인 시스템'이 다 보이지 않으면 알아차리지 못할 문제점입니다.

구스노키 전체적인 시스템이 보이느냐 아니냐는 이런 거라고 생각합니다. 경영상의 의사결정이든 일상적인 업무상의 판단이든 간에 어떤 일이 어떤 일에 대해서 전면적으로 뛰어나거나 전면적으로 뒤떨어지는 경우는 없습니다. 모든 선택지에는 '장점과 단점'이 혼재되어 있게 마련이죠. A와 B의 선택에서 확실히 A가 옳고 B가 잘못된 거라면 A를 취하면 되니까 애초에 의사결정의 문제가 아닌 겁니다. 어느 쪽이든 각각 나름대로 옳고 또 나름대로 잘못된 문제가 있기에 결정하기가 어렵습니다. 그래서 시스템 전체가 보여야만 하는 겁니다.

일을 잘하는 감각은 어떻게 길러지는가

전체를 알고 전체를 움직이는 사람만이 참다운 결단을 내릴 수 있습니다. 가장 위험한 것은 장점과 단점을 모두 고려하며 어느 쪽도 선택하지 않는 상황입니다. 이것도 저것도 다 일리가 있다며 계속 결정을 보류하는 사람이 있어요.

사실 세상에 일리가 없는 일은 없습니다. 전체 시스템이 보이는 사람은 그래서 일리만을 위해서 움직이지 않습니다. 중요한 것은 전체를 이해하는 것이죠. 그러면 일석이조를 노릴 수 있으니까요.

분석적 사고와 추상적 사고

야마구치   컨설팅회사에서 자주 사용하는 도표가 있습니다. 지적 작업을 할 때의 두뇌 사용법을 나타내는 도표입니다. 가로축에는 직감과 논리, 세로축에는 분석적 사고(분석/구체)AT, Analytical Thinking와 추상적 사고 (추상/통합)CT, Conceptual Thinking를 놓습니다. 위아래로 배치한 것은 편의성 때문이지 어느 쪽이 더 높은 가치를 갖고 있다는 의미는 아닙니다. 논리는 차곡차곡 쌓아서 답변에 이르는 것이고, 직감은 답변을 이미지로 퍼뜩 떠올리는 것입니다.

논리와 분석 능력은 훈련으로 향상시킬 수 있습니다. 향상시키기도 쉬운 편이지요. 반면 직감과 통합 능력은 훈련이 매우 어렵습니다. 제가 지금까지 수없이 역량 컨설팅을 해왔지만, 30개 정

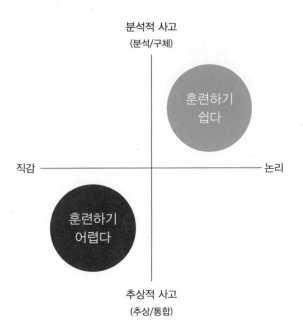

분석적 사고
(분석/구체)

훈련하기
쉽다

직감 ——————————————— 논리

훈련하기
어렵다

추상적 사고
(추상/통합)

지적 작업을 할 때의 두뇌 사용법

도 되는 역량 분야 가운데 가장 향상시키기 어려운 역량이 바로 직감과 통합 능력입니다.

그럼에도 일을 하는 데 있어서는 구체와 추상, 양쪽 다 필요합니다. 구체적으로 분석을 했으면 반드시 통합해서 결론을 내야 하니까요. 또는 논리를 쌓아가며 그것이 정말로 해답에 이를지 아닐지를 헤아리고, 올바른 대답이 될 수 있을 것 같은지 아닌지를 판별하려면 역시 직감도 필요합니다. 이처럼 직감과 통합에 관여하는 역량은 매우 중요합니다. 하지만 실제로 어떻게 향상시킬지는 상당히 고민스럽다고들 합니다.

구스노키　그렇군요. 저도 어떻게 해야 직감과 통합 능력을 높일 수 있는지에 대해서는 잘 모릅니다. 다만 지금까지 제 나름대로의 경험을 돌아볼 때, 추상화나 통합이라는 지적 행위는 인간에게 상당한 재미를 줍니다. 얼핏 보면 전혀 다른 두 가지가 어떤 기준으로 보면 똑같이 보인다거나, 각각의 것을 통합해서 최종 형태로 볼 수 있다는 것은 인간에게는 굉장히 재미있는 일일 겁니다.

　　야나이 사장은 "그 사람은 장사의 재미를 모르니 틀렸어"라는 말을 자주 하는데, 이것이야말로 그 사람이 감각이 있는지 없는지를 정확하게 표현하는 말이라고 생각합니다. 사실 추상화나 통합은 인간에게는 흥미로운 개념입니다. 그런데 그 재미를 알기까지가 꽤 힘들고, 결국 재미를 모르는 채 끝나는 사람도 많습니다. 다만 그 재미를 아는 사람은 재미있으니 당연히 계속 하고 싶어지는 겁니다. 이것이 일을 잘하는 것으로 이어지는 것이고요.

●● 　추상적 사고의
　　　수행법

야마구치　예전에 대기업 음료회사에서 컨설팅을 의뢰해온 적이 있습니다. 옛날에는 거의 정기적으로 히트 상품이 나왔는데 최근에는 좀처럼 히트 상품이 나오지 않는 이유를 조사해달라는 거였습니다. 현장에서 제품 개발을 담당하는 사람들은 전부 200명 정도였죠. 그들의 역량을 조사해보니, 옛날에 히트 상품을 잇달아 터뜨리던 대선배들보다 확실히 추상적 사고가 약하다는 사실을 알게 됐습니다. 개개인의 커리어 문제인지 아니면 회사 측에서 채용을 잘못한 것인지 여러 관점에서 조사를 해보았습니다.

조사로 알아낸 것은 홍보부에서 일하거나 일했던 경험이 있는 사람은 역시 추상적 사고력이 높다는 사실이었습니다. 광고 카피나 홍보 문구는 불필요한 말을 없애고 또 없애며 '가장 전하고 싶은' 본질을 끊임없이 생각하고 찾아내는 일이죠. 그런 정제 과정을 훈련하다 보니 광고기획자나 카피라이터는 추상적 사고가 단련되어 있던 겁니다.

앞서 언급했던 시라쓰치 겐지 씨도 원래 광고회사 덴쓰의 기획자였는데요, 덴쓰에 재직하던 당시 시라쓰치 겐지 씨에게 무척 놀란 일이 있었습니다. 유니클로 매장에 시찰을 나간 적이 있었는데, 플리스^fleece 재킷(표면에 가벼운 보풀이 일어나게 만든 가볍고 따뜻한 상의)이 유행하던 무렵의 평일 저녁 시간대였어요. 도쿄 시부야 서쪽의 매장이었는데 무척 많은 고객이 몰려들어 가게 안이 매우 활기차고 북적거렸습니다.

구스노키 시내 쪽 매장이군요.

그렇습니다. 그래서 제가 "굉장한데요. 유니클로 천하는 계속되겠
군요" 하고 감탄하면서 밖으로 나오자 시라쓰치 씨가 이렇게 말하
더군요. "이 브랜드는 앞으로 굉장히 어려운 상황에 놓일 거예요.
혹시 눈치채셨나요?" 뜻밖의 질문에 저는 "네? 손님이 저렇게나
많은데요? 모두 바구니에 상품을 가득 담고서 계산대 앞에 길게
줄을 서 있던데요?" 하고 되물었죠.

그러자 시라쓰치 씨는 이렇게 물었습니다. "그럼 하나 물을게
요. 이 브랜드의 남녀 의류 매출 비율이 어떤지 알아요?" 저는 남
성용이 약 80퍼센트라는 것을 알고 있었기에 그렇게 대답했어요.
그러자 시라쓰치 씨는 "오늘 매장에 있던 손님들, 성별로 보면 어
느 쪽이 많았지요?" 하고 다시 묻더군요. 장바구니 안의 상품까지
일일이 보지는 못했지만, 분명 여성이 약 90퍼센트였어요. 한데
시라쓰치 씨가 "바구니에 담긴 내용물은 대부분 남성용이었지요"
하고 말했습니다.

즉 매장을 방문한 고객 비율은 여성이 약 90퍼센트지만 매출
비율은 남성용 의류가 약 80퍼센트를 차지했던 겁니다. 시라쓰치
씨가 다시 물었습니다. "쇼핑하는 사람들의 모습이 어땠나요?" 그
러고 보니 슈퍼마켓에서 장을 보는 듯한 느낌이었단 게 생각났어
요. "결론은 한 가지입니다. 그 사람들은 자신의 옷을 사려고 매장
에 온 게 아닙니다. 패션이라는 건 본질적으로 의류를 파는 게 아
니라 옷을 사는 기쁨을 파는 것이죠. 그러므로 자신을 위한 옷을
사려고 온 게 아니라는 사실은, 이 브랜드는 옷장이 가득 차면 거

기서 끝이라는 겁니다." 시라쓰치 씨는 제게 이렇게 말해주었습니다.

구스노키   그런 이치였군요.

야마구치   당시 그의 말을 듣고 시라쓰치 씨는 대체 어떤 뇌 구조를 가졌을까 궁금했습니다. 그건 분명 기획자의 두뇌 사용법이었어요. 다양한 착안점이 있고, 그것들은 각각 구체적인 정보지만 일단 통합해서 정리해보면 이렇습니다. '유니클로에서는 자신을 위해 옷을 사지 않는다 → 남편과 아이들의 옷은 저렴한 유니클로에서 사고, 자신은 거기서 절약한 돈으로 주말에 백화점을 찾는다 → 따라서 유니클로는 언젠가는 그 브랜드에 지게 된다'는 이야기예요.

이렇게 설명을 들으면 이해하기 쉽지만, 여러 가지 현상들이 파편적으로 뒤섞여 있는 가운데서 그것을 깨닫기는 결코 쉽지 않죠. 모두가 이런 통찰을 얻을 수는 없습니다. 시라쓰치 씨의 추상적 사고력이 높은 덕분에 가능했던 거죠. 여러 가지 현상을 보고 그 정보가 모였을 때 어떤 스토리를 그릴 수 있을 것인가? 어떤 일이 일어났으며 그 후에 또 어떤 일이 일어날까? 이런 논점을 '연결하는 능력'은 광고기획자로서 20년간 일해오며 추상적 사고력이 높아진 데서 비롯되었다는 생각이 들었습니다.

구스노키   시라쓰치 씨가 광고기획자로 일하며 추상적 사고력이 높아진 것처럼, 추상적 사고력은 향상시킬 수 있습니다. 물론 향상시키기가 쉽지 않고, 또 설명 가능한 표준적인 방법이 있는 것은 아니지만요. 가령 '하루에 무엇을 몇 분씩 공부하면 몇 점이 오른다' 이런 기술적 방법은 없으니까요.

야마구치　그렇죠. 이건 학습이나 훈련이라기보다는 일종의 '수행' 같은 겁니다. 광고기획 일을 하며 몇십 년간 습관을 쌓아온 결과죠. 사후적으로만 파악할 수 있는 것입니다.

구스노키　시라쓰치 씨의 이야기는 감각 있는 사람, 일 잘하는 사람의 대표적 사례입니다. 구체와 추상의 왕복운동이 만들어낸 결과죠. 추상적인 이해만큼 실용적이고 실천적인 것은 없다고 생각합니다.

Chapter 16

CONVICTION:
경험에서 비롯된 확신이 길을 이끈다

●● 자신에게 맞는
자리를 찾는 감각

구스노키 이야기를 되돌려봅시다. 자신이 일하는 자리가 자신에게 잘 맞는 곳이라는 안도감을 느끼지 못하면 감각이 있어도 아무 소용이 없게 됩니다.

야마구치 기술은 어디서나 통용되지만 감각은 싸울 곳을 잘못 짚으면 더없이 부정적이 되고 맙니다.

구스노키 그렇죠. 우선은 자신의 감각을 갖지 않으면 싸울 자리고 뭐고 다 소용없죠. 일단 현재 일하는 곳이 자신의 자리라는 느낌, 그리고 감각의 느낌까지 알고 있어야 합니다. 상당히 고도의 단계인데 이것은 일을 잘한다는 데 있어 중요한 요소입니다.

야마구치   자신의 자리를 찾으려면 역시 경험이 중요하겠죠?

구스노키   그렇습니다. 다만 경험이라고 해도 단순한 기계적 반복과는 의미
가 다릅니다. 자신이 있던 자리를 벗어나봐야 그곳이 진정 자신의
자리인지 아닌지를 알 수 있습니다. 자리에 따라 여러 가지 다양
한 변화가 있을 겁니다. 어느 곳에서는 일이 잘되지만 다른 곳에
서는 헛고생만 할 수도 있죠. 어떤 자리에서 자신이 일을 잘할 수
있다는 판단을 하기 위해서는 감각에 대한 감각인 '메타감각'이 필
요합니다.

야마구치   앞에서도 이야기했지만 젊은 사람들이 자신의 강점이라고 인식하
고 있는 것들은 대부분 틀린 것이 많습니다. 그러니 성급하게 '나
는 이것은 잘하고 이것은 못한다'라고 단정 짓지 말아야 합니다.
여러 가지 일을 시도해보면서 잘 되었는지 혹은 잘 되지 않았는지
그 결과를 직시하는 게 중요합니다. 고객이 매우 만족한다거나 재
발주가 들어온다는 것은 틀림없이 잘했다는 증거입니다. 반대로
고객이 약간 불만족스럽게 느낀 부분이 있었다거나 재발주가 들
어오지 않았다는 것은 잘하지 못했다는 뜻이죠. 그런데 이런 과정
을 고찰하지 않고 재능 진단 테스트 같은 데만 의지하는 것 같아
안타깝습니다.

구스노키　그런 것들이 꽤 성행했으니까요.

야마구치　감각에 대한 본질적인 고찰 없이 재능 테스트 같은 걸로 자신의 강점을 재확인하면, 한층 더 강고한 독선에 빠지게 됩니다. 이러면 매우 위험해지죠. 인간에게는 확증편향이 있기 때문에 원래 착각하고 있던 일이 위기에 처하면 쓸데없이 그런 도구에 의지해 편견을 지키려 듭니다. 사람들에게는 대체로 이런 경향이 있어요. 그런 편견에 사로잡혀 성급하게 자신의 강점과 약점을 단정해버리고, 경험을 늘리거나 다양한 체험을 하려 들지 않습니다. 그저 추상적인 데이터에만 의존해 자신의 포지셔닝을 결정한다면 기회 손실이 매우 크다고 할 수 있습니다.

구스노키　재능 진단 도구에 관해서는 저도 회의적입니다. 자신의 감각이나 능력을 발휘할 자리에 대한 이해를 깊게 하는 것이 일의 가장 큰 매력이자 묘미라고 생각하니까요. 정형적인 진단으로 '당신의 강점은 이것입니다' 하고 내가 아닌 남이 알려준다는 것이 얼마나 시시하고 말도 안 되는 일입니까.

　　패션에 관심이 있는 사람은 다른 사람이나 코디네이터의 추천을 그대로 따르지 않습니다. 자신이 옷을 고르며 여러 가지 아이디어를 떠올리는 과정이 즐거우니까요. 그렇게 좋아하는 일을 다른 사람에게 넘기기는 아깝겠지요. 그것과 마찬가지입니다. 대개 재능 진단 테스트를 하는 사람들은 결과를 보고는 자신과 딱 맞다고 생각합니다. 그런데 결과가 맞다고 생각한다는 건 자신이 처음부터 알고 있었다는 이야기 아닙니까? 자신의 재능이 무엇인지 스스로 이미 알고 있는데, 굳이 돈까지 내가면서 스트렝스 파인더 Strength Finder(갤럽에서 개발한 재능과 적성 평가 도구) 같은 테스트를 받을 필요는 없다고 봅니다. 자신을 알고 이해하기 위한 수단이라기엔 그 깊이가 너무 얕습니다.

저는 여러 회사와 함께 일을 해왔습니다만 역시 서로 맞는 데가 있고 맞지 않는 데가 있더군요. 꽤 오래전 IBM에서 일한 적이 있는데 의외로 성과가 아주 좋았습니다. 오래전 일이어서 지금은 어떨지 모르겠지만요. 그 후 오라클에서 의뢰가 들어와 경영진을 대상으로 세미나를 열었습니다. 그런데 오라클은 결과가 달랐죠. IBM이든 오라클이든 제가 세미나에서 제공하는 내용은 기본적으로 비슷합니다. 그런데 IBM에서와는 달리 오라클의 회의실에서는 싸늘한 분위기가 감돌 지경이었어요.

야마구치   (웃음)

구스노키   왜지? 너무도 다른 분위기와 반응에 여러 의문이 들더군요. IBM이나 오라클이나 업종은 비슷한 계열인데 왜 이렇게 된 건가 싶어 무척 당황했습니다.

야마구치   논의가 제대로 진척되지 않던가요?

구스노키　'뭐야, 이 사람?' 하는 그런 분위기였죠.

야마구치　'누가 이 사람을 부른 거야?' 그런 거요? (웃음)

구스노키　맞아요. 그래서 오라클과 IBM이 어떤 면에서 다른지를 생각할 수밖에 없었습니다. 생각 끝에 IBM 같은 메이저 기업 유형이 제게 잘 맞는다는 걸 깨달았죠. 당시 오라클은 아직 신흥 벤처기업이었을 때였거든요. 그래서 잘 안 맞았나 하는 생각이 들었습니다. 하지만 메이저라고 볼 수 있는 메가뱅크^{Mega Bank}◆에서는 또 적응이 잘 안 되더군요. 그래서 금융권이 안 맞는 건가 싶었는데, 미쓰이스미토모은행에 가면 아주 잘 맞더라고요. 또 다른 IT 벤처회사에 가면 상당히 분위기가 고조되기도 하고 말이죠. '대체 이유가 뭘까?' 하고 고민했는데 결국 중요한 건 경험이 갖고 있는 다양성이라고 생각합니다. 다양한 경험의 축적이 제게는 상당히 도움이 되었습니다.

야마구치　충분히 공감이 됩니다.

구스노키　이제는 어떤 유형이 저와 맞지 않는지를 잘 알다 보니 의뢰가 들

◆　　일본의 3대 은행(미즈호은행, 미쓰비시UFJ은행, 미쓰이스미토모은행)을 통칭하는 말.

어올 때 "아마 제 강연이 그다지 도움을 드리지 못할 겁니다" 하고 미리 거절하기도 합니다.

야마구치   어떤 유형이 맞고 어떤 유형이 안 맞는지 설명이 가능할 만큼 정리가 되어 있으신 건가요?

구스노키   예를 들면, 저는 덴쓰가 그렇습니다.

야마구치   안 맞는다는 뜻인가요?

구스노키   반대입니다. 어디까지나 제 느낌이지만 덴쓰는 상성이 잘 맞는다고 느끼거든요. 패스트리테일링이나 산토리도 잘 맞고요. 물론 상대는 그렇게 생각하지 않을지도 모르지만요. 하지만 오랫동안 계속하고 있으니 어느 정도 서로 잘 맞는다는 뜻이겠지요. 결국 인간적인 비즈니스 그리고 인간적인 회사가 제게 잘 맞는다는 생각이 듭니다.

야마구치   그렇죠.

구스노키   바꿔 말하면 기술적이지 않은 곳이죠. 아무래도 냉정하게 딱 자르며 합리성을 추구하는 곳과는 잘 맞지 않습니다. 당시의 오라클과 IBM의 차이가 무엇인지를 생각해보고 나중에 깨달은 점은, IBM

은 B2B 기업이지만 상당히 인간적인 기업이었어요. 시라쓰치 씨 같은 분이 무척 많아서 품격 있고 세련되면서도 상당히 인간적인 회사였습니다. 그런 점들이 당시의 IBM에는 많았어요. 그에 비해 오라클은 당시 경쟁력 있는 회사로 쑥쑥 성장하던 시기였습니다. 데이터베이스에 의지해 사업을 해나가던 무렵이었기 때문에 어쩌면 기술적이었는지도 모르겠네요.

야마구치   저는 이념이 경직되어 있는 회사는 좀 불편하고 어렵더군요.

구스노키   잘 압니다. 저도 그렇습니다.

야마구치   미국 회사로 말하자면 대표적으로 GE를 꼽을 수 있겠습니다. "그 말이 맞기는 하지만…"이라고 말하면 "'그 말이 맞기는 하지만'이 라는 게 무슨 의미입니까?" 하고 정말 진지한 표정으로 물어봐요. 단순한 대화에서조차 유머 감각이나 여유가 전혀 없더군요.

오라클도 약간 그런 면이 있었습니다. 오라클의 창업자인 래리 엘리슨Larry Ellison도 "실적 수치로 보여주게나"라는 말만 할 뿐이었어 요. 그들은 모두 쉬지 않고 움직입니다. 뭔가 틈이 전혀 없는 느낌 이에요. 유머 감각이 없다고 해야 할지, 농담 한마디조차 비집고 들어갈 여지가 전혀 없는 느낌이었습니다. 마치 진지한 스포츠 선 수처럼 말이죠.

소신껏 일을 주도하는 사람, 상황에 끌려가는 사람

구스노키 감각이 있는 사람은 상황에 맞게 재치 있는 말과 행동을 합니다. 자연스럽게 그렇게 되는 거죠.

야마구치 오사카대학교에서 로봇을 연구하는 이시구로 히로시石黒浩 교수가 있습니다. 자신의 딸과 꼭 닮은 안드로이드를 만들기도 하는 등 상당히 개성 있는 박사죠. 그가 컴퓨터과학자인 앨런 케이Alan Kay와 대화할 기회가 있었다고 합니다.

구스노키 "네트워크가 컴퓨터다" 같은 말을 한 사람이죠.

야마구치 앨런 케이는 1970년대에 발표한 자신의 논문에 아이가 태블릿 단말기를 사용하고 있는 그림을 실었습니다. '다이나북'◆이라는 이름의 단말기였는데, '다이내믹한 미디어 기능을 갖춘 책'이라는 콘셉트였어요. 미래는 통신으로 연결되고 여러 가지 소프트웨어가 클라우드에 있다는 것을 이미 1970년대에 전부 썼던 겁니다. 주위 사람들이 "이 논문은 미래를 예측하고 있으니 대단해!" 하고 말

◆ 앨런 케이가 제창한 이상적 컴퓨터이자 일본 도시바가 1988년에 발매한 세계 최초의 노트북 상품명.

하자 앨런 케이는 몹시 화를 내며 이렇게 강조했습니다. "나는 미래를 예측한 게 아니다. 나는 이런 것이 있으면 좋겠다고 생각해 만들었을 뿐이다. 그래서 내가 생각한 미래가 된 것이다."

이시구로 히로시 교수가 앨런 케이를 만난 건 연구가 계획대로 잘 진척되지 않아 애를 먹고 있을 때였다고 합니다. 안드로이드를 만들어냈지만 상업적인 가치가 창출되지 않아 좌절하던 무렵에 앨런 케이를 만난 거죠. 연구에 관해 여러 가지 설명을 하고 나서 마지막으로 이런 질문을 했다고 합니다. "안드로이드에 미래가 있다고 생각하십니까?" 그러자 앨런 케이는 호되게 질책했습니다. "자네가 그 분야의 일인자면서 내게 그런 질문을 하면 어쩌나? 자네는 안드로이드를 어떻게 하고 싶은가?" 이시구로 교수는 그 말을 듣고 한 대 얻어맞은 느낌이 들었다더군요.

구스노키 좋은 이야기네요.

야마구치 "자네는 어떻게 하고 싶은가?"라니 아주 뜻깊은 질문입니다.

구스노키 아웃사이드 인인 사람은 '이제 어떻게 될까?'를 알고 싶어 하는 반면, 인사이드 아웃인 사람은 '그것은 어떻게 될지 모르겠지만 나는 이렇게 생각한다'는 사고를 갖고 있어요. 한마디로 자신의 자유의지에 따라 사고하고 행동하는 겁니다.

몇 해 전 세상을 떠난 호리바제작소^{堀場製作所}의 창업자 호리바 마사오^{柵場雅夫} 전 회장이 쓴 멋진 제목의 책이 있습니다.『싫으면 관둬라』라는 책입니다. 정말 옳은 말이에요. 아무도 부탁하지 않았어요. 일이란 자유의지로 하는 겁니다. 군주제 아래서 왕의 명령을 받아 하는 것이 아닙니다. 자유의지는 장사의 근본적인 원리원칙으로서 일의 생명선입니다.

저는 의지를 우선시하고 일관된 자신의 생각에 따라 일하는 사람이 일을 잘하는 사람이라고 생각합니다. 그런 사람들은 "저는 이렇게 생각합니다" 하고 뜻을 관철시킵니다. 자신이 즐거우면 다른 사람에게 이야기하고 싶어지니, 점점 다른 사람에 대한 이해도 깊어질 겁니다. 이시구로 교수도 앨런 케이도 그럴 거라고 생각합니다. 그들의 사고방식이 점점 넓어져 실제로 그 이야기에 귀를 기울이고 동조하는 사람도 늘어갑니다. 스토리가 실행되어가는 것이죠. 이런 흐름의 기점에 있는 것은 개인의 의지입니다. 그것이 결과적으로 옳은지 아닌지는 알 수 없지만 저는 그렇게 하려고 합니다. 의지란 그런 것이죠. 그런 사람의 또 한 가지 특징은 처음 단계에서 정답을 추구하지 않는 것입니다. 중요한 것은 '어쩌면 이거 잘되겠는걸!' 하는 마음가짐이죠.

야마구치 좋은 의미에서 느긋함이 있는 거군요.

구스노키 제가 야나이 회장에게서 얻은 가장 큰 가르침도 바로 그것입니다. 그분은 전략을 생각할 때 '어쩌면 이건 돈이 될 수도 있겠다'는 사고가 언제나 기점에 있습니다. '반드시 잘될 것인지'를 추구하지 않습니다. 항상 '어쩌면'이라고 가정합니다. '어쩌면 세계 최고가 될 수도 있겠다'라고 생각한 것이 유니클로의 시작이었다고 합니다. '성공할 확률이 0.1퍼센트일 수도 있겠지만 0퍼센트는 아니다. 어쩌면 세계 최고가 될 수도 있으니까 그 방향으로 검토해서 한번 해보자' 하는 것이죠.

이런 걸 두고 이야기가 재미있다고 하는 겁니다. 그것은 프레젠테이션 스킬이 아닙니다. 이야기가 재미있는 사람이란 '제 생각에는' 하고 이야기를 꺼내는 사람입니다. 언제나 자신의 생각이 먼저 있고 거기서부터 출발하지요. 인사이드 아웃의 사고방식입니다. 반면에 이야기가 시시한 사람은 '지금 이런 예측이 나와 있고, 이런 영향으로 언제쯤까지 이렇게 된다' 하는 식으로 이야기합니다. 전형적인 아웃사이드 인의 사고방식이죠.

심각한 것은 회사 안에 시시한 이야기를 하는 사람이 있다는 겁니다. 듣는 사람이 따분한 거야 취향의 문제니까 상관없지만, 개중에는 스스로도 자신의 이야기가 재미없다고 생각하는 사람이 있습니다. 자신도 재미없다고 느끼는 연설을 다른 사람 앞에서 하는 겁니다. 그런 이야기를 다른 사람이 관심을 갖고 들을 리가 있겠습니까? 자신조차 재미를 못 느끼는 이야기에 고객이 모여들지는 않을 겁니다. 결국 회사는 실패하고 마는 거죠.

야마구치 정말 민폐죠.

구스노키 그런 사람이 회사에서 사라지기만 해도 매출과 이익은 크게 향상
될 겁니다. 그만큼 근본적인 문제입니다.

●● 공부는 목적이 아닌 수단이다

구스노키 아웃사이드 인과 관련해서 덧붙일 이야기가 있어요. 도움이 될 거
라고 믿으며 공부하기를 좋아하는 사람이 있습니다. 다양한 지식
을 대량으로 습득하고 여러 가지 도구를 사용해 꼼꼼히 정리하고
축적합니다. 하지만 실제로 일을 하는 데 활용할 지식이 아니라,
그저 공부하는 그 자체에만 의미를 두면 영원히 사용하지 못하는
부품이 되어버립니다.

패스트리테일링 본사와 협업 기획을 한 적이 있는데, 경영관리
업무에 유달리 능숙한 부장이 있었습니다. 이 사람은 패스트리테
일링이 예전에 매수한 신발 소매회사에 다녔는데, 지금은 패스트
리테일링에 소속되어 있습니다. 취직한 후 열심히 노력해서 점장
이 되었다고 합니다.

하지만 그는 점장으로 만족하거나 거기 안주하지 않았습니다.
점장이 되고 보니 회계를 모르고는 경영을 할 수 없다는 사실을
절실히 깨달았죠. 이대로는 안 되겠다 싶어 경리 공부를 시작했고,
다음 날부터 바로 써먹을 수 있었다고 합니다. 그렇게 재미가 붙

어 점점 더 열심히 공부했습니다.

야마구치   그렇게 자신이 필요를 느껴서 하는 공부는 더욱 효과가 크죠.

구스노키   그 신발 소매회사는 점점 발전해서 신규 매장을 열 자금이 필요하게 되었습니다. 그 무렵 그는 본사에서 근무하고 있었고 자금이 부족해 은행에 대출을 받으러 가야 했습니다. 이때 그는 손익계산서뿐만 아니라 대차대조표도 알아야 한다는 것을 피부로 느꼈습니다. 손익계산서나 대차대조표를 모르면 은행에서 대화조차 나눌 수 없음을 깨닫고 재무도 공부했습니다. 그렇게 얻은 지식을 업무에 바로 사용했다고 합니다. 그 후 신발 소매회사가 기업공개를 하게 되었고, 그는 이미 핵심 멤버가 되어 있었죠. 때문에 내부통제라든지 IR^Investor Relations (투자자들을 대상으로 하는 홍보 활동), 자본상의 규칙도 공부해야만 했습니다.

마침 그 무렵 회사가 유니클로에 매각되었어요. 회사가 매각되자 처음에는 당황했지만 곧 상황을 바로 볼 수 있었죠. 당시 일본을 대표하는 고성장 기업으로 평판이 나 있던 유니클로였지만, 그의 눈에는 예산 시스템이 그다지 잘 갖춰져 있지 않다는 사실이 보였던 겁니다.

합병 초기에는 자신의 역할이 정해져 있지 않았기에 시간적 여유가 꽤 있었습니다. 그래서 엑셀로 당장 사용할 수 있는 예산 시스템을 직접 만들기로 마음먹었습니다. 그러자 이번에는 여러 가지 시스템을 공부해야만 했죠. 그렇게 5년 정도 필요한 것들을 찾아 공부하는 동안에 계획을 세우고 기획하는 일에 아주 능숙한 사람이 되어 있었습니다.

중국 사업을 시작할 때는 '중국에 가서 경영 기반을 구축하고 오라'는 임무가 맡겨졌습니다. 중국에서 사업의 기반을 구축하는 동안에 마케팅 공부도 했다고 합니다. 지금은 경영관리를 중심으로 다양한 분야에서 주축이 되어 일하는 관리자가 되었습니다. 이것이야말로 인사이드 아웃의 공부법입니다. 세미나를 찾아다니며 열심히 공부하는 것도 좋지만 그것만으로는 아웃사이드 인에서 벗어나기 어렵습니다. 당장 활용할 지식이 아니라면 의미 없는 재고만 쌓이기 십상이죠. 활용되지 않을 지식은 쓸모없어지니까요.

야마구치 감각이 좋은 사람은 자신이 무엇을 알고 싶어 하는지를 인식하고 있습니다. 자신에게 지금 어떤 지식이 부족한가, 도움이 되는 것과 되지 않는 것을 아주 간략하게 정리해서 파악하고 있죠. 무엇이 부족한지를 확실히 모르는 상태에서 화제에 오르내리는 키워드를 무작정 공부하는 건 의미 없습니다. 그런데 '일주일 동안 공부해서 다음 주에 보고해야 하는데 무엇부터 공부해야 할지 막막하네' 하고 어찌할 바를 모르는 사람이 상당히 많습니다.

자신이 무엇을 알고 무엇을 모르는지, 무엇에 대한 해답을 얻고 싶은지를 알아야 합니다. 그런 점들을 분명히 하지 않은 채 무작정 인풋에만 힘을 쏟아붓는 건 그다지 도움이 되지 않습니다. 그저 시간 낭비일 뿐이죠.

구스노키 어렵죠. 공부하는 것 자체가 프락시가 되어버리니까요. 하지만 그렇게 공부하면 순간적으로는 안심이 됩니다. 그것이 도움이 되든 아니든 무언가를 하고 있다는 것에 위안받는 겁니다. 그렇지만 그렇게 안도감을 느끼는 동안 일을 잘하는 방향과는 점점 더 거리가 먼 방향으로 가게 됩니다. 아주 강력한 적이지요. 그렇기 때문에 자신이 현재 하고자 하는 공부가 혹시 프락시가 되어버린 것은 아닌지 잘 파악해야 합니다. 성과를 내는 데 필요하고 도움이 되는 일을 해야 하죠. 과거에도 그랬고 지금도, 그리고 앞으로도 이것이 '일을 잘하는 것'이라고 생각합니다.

기술의 디플레이션과
감각의 인플레이션을 향하여

불확정성 원리를 발견한 20세기 최대의 물리학자 베르너 하이젠
베르크^{Werner Heisenberg}는 자신의 전기에 '부분과 전체'라는 명제를 붙
였다. 앞에 가까이 보이는 개별 일화를 '부분'이라는 언어로, 20세
기 물리학자의 진보와 발전이라는 배경을 '전체'라는 언어로 상징
화해 표현했다. 꽤 오랜 시간 동안 구스노키 교수와 '일의 기술과
감각'이라는 문제에 관해 논의했다. 완성된 원고를 다시 읽어보니
기술과 감각의 문제 또한 부분과 전체의 문제로 치환해 정리할 수
있다는 생각이 든다.

물론 부분이 없는 전체는 있을 수 없다. 하지만 부분의 품질을 높
인다 해도 그것이 반드시 전체 시스템의 성과 향상으로 이어진다
고 장담할 수는 없다. 부분에만 주목하게 되어 시야가 협소해진다
면, 오히려 시스템 전체로서의 성과는 떨어진다. 기술과 감각에 관

해서도 마찬가지다. 부분에 만전을 기해 제 기능을 발휘하게 하려면 기술이 필요하다. 반대로 말해 기술이 구체적인 개별 활동과 결부되는 이상, 기술은 부분화될 숙명이라는 뜻이 된다. 따라서 부분의 기능을 향상시켰다고 해서 전체가 훌륭해지고, 모두가 제 기능을 다한다고 볼 수는 없다. 전체를 조망하는 부감적인 시야로 시스템의 약점을 찾아내고 트렌드에 맞춰 시스템을 변경해나가야 한다. 그러려면 전체를 큰 틀 그대로 파악하는 감각이 필요하다.

기술과 감각 중에서 어느 것이 더 중요한지는 그때그때의 상황에 따라 다르다. 어떻게 다른지는 이 책을 주의 깊게 읽으면 알 수 있다. 다시 강조하지만 이 책의 주제는 '기술보다 감각이 중요하다'는 것이 아니다. 이 둘은 모두 중요하고 그 중요성은 배경과 상황, 그리고 입장에 따라 변화한다.

제2차 세계대전 후 경제 호황기에 두려울 정도로 원활하게 기능을 한 시스템이 다양한 곳에서 오류를 일으키고 있다. 시스템 전체의 개혁이 필요한 상황이다. 이런 상황에서 개별적인 부분의 성과를 향상시키는 기술의 획득에만 주력하는 것은 정말로 바람직한 대책일까? 이것이 이 책에 깔린 근본적인 문제의식이다. 하지만 이런 상황에서도 변함없이 기술은 사랑받고 있다. 세상의 변화를 예측할 수 없으니 기술 정도는 익혀두고 싶다는 마음 때문일 수도 있고, 조금 더 세속적인 편견 때문일 수도 있다.

세상은 점점 변화를 거듭하고 있지만 사람의 마음은 좀처럼 바뀌지 않는다. 결국 세상의 상황과 사람의 마음 사이에 벌어진 틈새는, 시간이 지날수록 커져서 그 어긋난 차이가 역치를 넘어서는 순간 막대한 에너지를 방출해 균형 상태로 돌아올 것이다. 그리고 때때로 이 에너지 방출에는 수없이 많은 혼란과 비극이 따를지도 모른다. 이것은 지진의 메커니즘과 완전히 같다.

1990년대 일본의 버블 붕괴가 그 전형적인 예다. '부동산에 투자해두면 틀림없이 값이 오른다'는 사회 통념은 전후부터 1980년대에 걸쳐 일본 사회 전반에서 형성되었다. 이러한 통념과 사회 상황 사이에서 발생한 부작용의 여파가 경제 합리성의 구조에 흡수되지 못했다. 그리고 이것이 역치를 넘어선 순간 거대한 반동이 발생해 수많은 비극과 혼란을 초래했다.

기술과 재물의 가치는 수요와 공급의 균형에 의해 결정된다. 기술이 지금까지 대우받고 떠받들어진 것은 수요를 공급이 따라가지 못했기 때문이다. 다시 말해 기술은 예전에는 돈이 되었다. 고도 경제성장기의 땅과 마찬가지로 투자해두면 틀림없이 이익을 얻는 것이 기술이었다.

하지만 부동산도 기술도 더 이상 그것만으로 부를 창출하지 못한다. 본래 부를 창출하려면 다양한 요소로 이루어진 전체로서의 메커니즘과 스토리가 있어야 한다. 부동산도 기술도 그 메커니즘과 스토리를 구성하는 하나의 조각에 불과하다. 그런데 이 조각에 관한 수요와 공급이 균형을 잃으면 메커니즘 전체의 정합성을 깨뜨리고 조각이 가치 인플레이션을 일으켜 혼자 길을 떠나고 만다. 결과는 뻔하다. 마치 방탕한 자식의 귀환처럼 홀로 길을 떠난 조각은 맨발에 누더기를 걸치고 고향으로 돌아오는 수밖에 없다. "아버지, 제가 어리석었어요"라고 후회하면서.

지금 필요한 것은 돈을 벌 수 있는 구조와 사회 과제의 해결을 총체적으로 구상하고, 그 구상으로 사람들에게 동기를 불어넣어 의욕을 이끌어낼 수 있는 인물이다. 한큐 그룹의 사실상 창업자인 고바야시 이치조 같은 인재를 예로 들 수 있다. 아무리 업무 기술 교육을 열심히 한다 해도 이런 경영자를 배출하기는 어렵다. 전체를 조망하고 설계하는 구상력은 그 능력을 수치화할 수 없으며, 체계적인 교육 방법도 없기 때문이다. 이 점은 일본의 경영자 교육에 있어 큰 문제이기도 하다. 하지만 그렇기에 지금 이 시대에 필요한 감각의 중요성을 더욱 깊이 인지해야 한다.

'기술과 감각'이라는 주제로 구스노키 교수와의 공저 제안을 받았을 때 내가 가장 먼저 떠올린 것은 작곡으로 인해 겪은 갈등과 고찰이었다. 클래식의 세계를 보면 작곡에도 화성법, 대위법, 관현악법 등 방대한 기술 체계가 집약되어 있다. 이 모두를 첫걸음부터

꾸준히 배워야 기술 면에서는 '작곡법을 배웠다'고 말할 수 있는 수준에 오른다. 음악대학교 작곡과는 분명 이런 기술을 체계적으로 배우는 데 목적이 있다.

하지만 이런 기술을 익혔다고 해서 작곡가 또는 뮤지션으로서 활약할 수 있을까? 절대 그렇지 않다. 이는 중학교부터 고등학교 시절에 걸쳐 아카데믹한 작곡 기법을 집중적으로 공부한 내가 직접 느낀 일이다. 체계적인 작곡 기법을 알고 있는 것과 다른 사람의 마음을 사로잡는 자신만의 개성적인 음악을 만들어내는 일은 서글플 만큼이나 관계가 없다.

기술이 있어도 감각이 없으면 사람의 마음을 울리는 작품 세계를 창조해내기 어렵다. 이는 내가 겪은 좌절을 통해 이끌어낸 명제이기도 하다. 주어진 악보를 정확하게 연주하기만 하면 되는 스튜디오 뮤지션의 세계에서는 기술이 높게 평가된다. 하지만 그 세계도 현재는 컴퓨터로 급속하게 바뀌고 있어 기술의 디플레이션과 감각의 인플레이션은 이 분야에서도 사나운 파도와 같은 기세로 진

◆ '검은 피카소'라 불리는 미국의 그래피티 아티스트. 1960년에 미국에서 태어나 1970년대 뉴욕에서 그래피티 그룹 SAMO의 일원으로 처음 이름을 날렸다. 이후 1980년대 신표현주의와 원초주의로 세계적인 성공을 거뒀으나 헤로인 과다 복용으로 인해 1988년 27세의 나이로 요절했다. 바스키아는 시와 그림의 전유를 통해 이미지와 텍스트, 추상과 형체, 역사적 정보와 현대 비평을 긴밀히 결합시켰다고 평가받는다. 또한 작품에 사회 비판적 메시지를 담음으로써 사회에 뿌리박힌 권력 구조와 인종차별주의를 공격하고자 했다.

행되는 중이다.

음악가에게는 감각이나 느낌처럼 수학적으로 표현하거나 언어화하기 어려운 요소가 점점 더 요구된다. 다른 예술 세계에서도 마찬가지다. 일본 최대 온라인 패션 쇼핑몰 조조^{ZOZO, Inc.}의 전 사장 마에자와 유사쿠^{前澤友作}가 1,400억 원에 낙찰을 받아 화제가 되었던 작품이 있다. 그림을 그린 화가는 장 미셸 바스키아^{Jean-Michel Basquiat}이다. 그는 아카데믹한 회화 기법을 배우지 않고 거리 예술을 그대로 아틀리에로 가져와 세계적인 평가를 얻었다. 현재의 예술 세계에서는 정통파의 회화 기술보다 사람의 마음을 매료시키는 한 가지의 콘셉트를 창출해내는 감각이 더 중요하게 여겨진다.

여기서도 '기술의 디플레이션과 감각의 인플레이션' 현상이 일어난다. 이는 비즈니스 세계에 적용해 생각해봐도 마찬가지다. 현재 사회는 해답이 과잉된 상태이며 문제가 희소한 상태다. 반대로 문제가 과잉 상태이며 해답이 희소한 사회라면 주어진 문제에 대한 정답을 제시하는 기술을 갖고 있는 인물이 높이 평가되고 경제적으로도 성공할 것이다.

현재는 그와 반대다. 즉 정답이 과잉이고 문제가 희소한 사회로 점차 바뀌어가고 있다. 더구나 현재는 인공지능의 가격이 급속히 하락하며 보편화되고 있는 시대다. 이런 상황이기에 기술의 상대적 가치는 더욱 저하되고 범용화할 것이다. 반대로 사회에서 그 누구도 알아채지 못한 새로운 문제를 찾아내고 그 문제를 해결함으로써 이익을 내는 구조를 구상할 수 있는 감각에는 높은 가치가 인정될 것이다.

마지막으로 무척 귀중하고도 많은 것을 배울 기회를 주신 구스노키 교수님에게 정말 감사드린다.

야마구치 슈

옮긴이
김윤경

일본어 전문 번역가. 일본계 기업에서 통번역을 담당하다가 번역이라는 라이프워크를 발견한 후 전문 번역가의 길로 들어섰다. 현재 출판번역에이전시 글로하나를 꾸려 다양한 언어의 도서 리뷰 및 번역 중개 업무를 함께 하고 있다. 옮긴 책으로 『철학은 어떻게 삶의 무기가 되는가』, 『뉴타입의 시대』, 『라이프워크 습관법』, 『로지컬 씽킹』, 『나는 단순하게 살기로 했다』 등 50여 권이 있다.

일을 잘한다는 것
자신만의 감각으로 일하며 탁월한 성과를 올리는 사람들

초판 1쇄 발행 2021년 1월 18일
초판 12쇄 발행 2024년 7월 1일

지은이 야마구치 슈, 구스노키 겐 **옮긴이** 김윤경

발행인 이봉주 **단행본사업본부장** 신동해
편집장 조한나 **책임편집** 김동화 **디자인** [★]규 **교정** 최서윤
마케팅 최혜진 이인국 **홍보** 반여진 허지호 정지연 송임선
국제업무 김은정 김지민 **제작** 정석훈

브랜드 리더스북
주소 경기도 파주시 회동길 20
문의전화 031-956-7355(편집) 031-956-7089(마케팅)
홈페이지 www.wjbooks.co.kr
인스타그램 www.instagram.com/woongjin_readers
페이스북 www.facebook.com/woongjinreaders
블로그 blog.naver.com/wj_booking

발행처 ㈜웅진씽크빅
출판신고 1980년 3월 29일 제406-2007-000046호

한국어판 출판권 © 웅진씽크빅, 2021
ISBN 978-89-01-24816-5 03320